CONCEPTS ET MÉTHODES DE LA

GÉOGRAPHIE

Orlando PEÑA et André-Louis SANGUIN :

— **El mundo de los geografos,** Barcelona, Oikos-Tau Ediciones, collection Geographia generalis, 1984.

Orlando PEÑA :

— **Diccionario de climatologia,** Valparaiso, Ediciones universitarias de Valparaiso, 1982 (en collaboration avec Hans Schneider)

André-Louis SANGUIN :

— **Géographie politique: bibliographie internationale,** Montréal, Les Presses de l'Université du Québec, 1976.

— **La géographie politique,** Paris, Presses universitaires de France, collection Le Géographe, 1977.

— **Geografia politica,** Barcelona, Oikos-Tau Ediciones, collection Elementos de geografia, 1981.

— **Diccionario de geografia politica,** Valparaiso, Ediciones universitarias de Valparaiso, 1981.

— **Atlas régional du Saguenay-Lac-Saint-Jean,** Chicoutimi, Éditions Gaétan Morin, 1981 (en collaboration avec cinq autres auteurs).

— **Saint-Pierre et Miquelon, département français d'Amérique du Nord,** Poitiers, Éditions Norois, 1983 (épuisé).

— **La Suisse, essai de géographie politique,** Éditions Ophrys, 1983.

CONCEPTS ET MÉTHODES DE LA GÉOGRAPHIE

Orlando Peña   André - Louis Sanguin

 guérin MONTRÉAL - TORONTO
4501, rue Drolet
Montréal (Québec) H2T 2G2 Canada
(514) 842-3481

Dépôt légal, 1er trimestre 1986
ISBN-2-7601-1473-2
Bibliothèque nationale du Québec
Bibliothèque nationale du Canada
IMPRIMÉ AU CANADA

Illustration de la couverture: Selon une orientation NW/SE, diagramme tridimensionnel montrant la distribution géographique de la variation de la population au Québec de 1971 à 1981 (d'après la méthode Zscore) par Yves Baudouin, Laboratoire de Cartographie/Département de Géographie, Université du Québec à Montréal.

Liste des figures

Table des matières

X

Et il jeta un coup d'oeil autour de lui sur la planète du géographe.
Il n'avait jamais vu encore une planète aussi majestueuse.

Antoine de Saint-Exupéry
Le Petit Prince

Introduction

Quiconque prend contact avec la géographie de niveau univer-sitaire a l'habitude de le faire sur la base d'une image totalement déphasée par rapport aux changements intervenus dans cette discipline depuis vingt ans. De toutes les matières dans l'enseignement primaire et secondaire, la géographie semble appartenir au groupe de celles qui n'ont aucune application pratique en dehors du processus même de l'enseignement. Pourquoi étudier la géographie? Quel est son intérêt? À quoi peuvent servir les géographes? Quelle place occupe la géographie dans les prises de décision environnementale? L'un des objectifs principaux de ce livre est de montrer précisément les vastes domaines d'application de la géographie en dehors de l'enseignement scolaire et comment sa pratique est différente de sa perception dans l'opinion publique.

Une expérience de plus de quinze ans comme professeurs et chercheurs universitaires nous a montré combien les étudiants avaient de la difficulté à situer la géographie comme partie du monde scientifique. Sans une connaissance adéquate des concepts et des méthodes de la géographie, les étudiants ne pourront jamais posséder une auto-identité professionnelle établie sur des bases solides d'où des risques d'aliénation scientifique. Les étudiants en géographie suivent une route tracée par les programmes. Ils apprennent à manier des techniques de plus en plus sophistiquées, à confectionner des cartes et des graphiques, à traiter des séries statistiques ou des images satellites, à réaliser des enquêtes sur le terrain, à jongler avec une quantité impressionnante de chiffres et de données mais, trop souvent, tout cela n'est pas relié en un tout cohérent, en une vision géographique des choses. Afin de neutraliser ce danger, il nous a paru opportun de présenter cette analyse générale sur les concepts et les méthodes de la géographie dans un texte accessible au plus grand nombre.

Ce manuel se propose donc de traiter en termes simples et avec de multiples illustrations graphiques les problématiques, les concepts, les objets et les démarches de la géographie. Il le fait en termes généraux dans la première partie (l'objet de la géographie), en termes concrets dans la seconde partie (la méthode de la géographie) et en termes professionnels dans la quatrième partie (l'application de la géographie). Dans la troisième partie, nous traitons d'un aspect capital dans la formation géographique universitaire. Malheureusement, cet aspect est le plus souvent ignoré ou passé sous silence et peu d'outils de réflexion existent à son sujet. Il s'agit du vaste problème de la présentation des résultats de la recherche géographique. Notre long contact auprès de différents groupes d'étudiants de toutes nationalités et de tous cycles nous a permis de saisir à quel point ces derniers étaient souvent mal armés pour aborder ce type de défi intellectuel. Comment rédiger un mémoire de maîtrise? Comment procéder à un compte rendu/synthèse d'un ensemble convergent d'articles scientifiques? Comment monter un dossier sectoriel ou un rapport d'enquête sur le terrain? Comment mettre en place un plan d'écriture pour de tels travaux? Quel type de grille d'analyse adopter?

Nous exposons de façon didactique toutes ces différentes facettes. Ainsi, ce livre se veut à la fois un guide de référence et un manuel de réflexion montrant aussi combien est grande la variété des points de vue géographiques.

Les figures ont été réalisées au laboratoire de cartographie de l'Université du Québec à Chicoutimi par M. Claude Chamberland. De son côté, M. Richard Bouchard, responsable de la cartothèque à la même université, nous a apporté une précieuse collaboration dans la rédaction finale des paragraphes relatifs à la recension des écrits. Enfin, M. Joseph-B. Mathieu, directeur du département des Sciences humaines de l'UQAC, nous a accordé une importante aide financière en vue de la dactylographie finale du texte. Qu'ils puissent trouver ici l'expression de nos sincères remerciements.

Première partie

L'objet de la géographie

L'objet de la géographie

Une expérience de plusieurs années d'enseignement et de recherche en géographie nous a montré combien il était difficile de partager avec les étudiants et les collègues une seule et même définition de la géographie. Cela est sûrement la conséquence d'une évolution large et polymorphe de la discipline, ainsi que nous avons voulu l'illustrer dans un ouvrage commun récent (Peña et Sanguin, 1984) venant s'ajouter à d'autres publications également récentes et à contenu semblable (Capel, 1981).

De manière plus concise, Pattison (1964) faisait allusion à cette évolution de la géographie quand il se référait aux quatre traditions ayant marqué l'action et la réflexion des géographes occidentaux, d'abord, et du monde entier, par la suite. Premièrement, il traite de la **Earth Science Tradition** dans laquelle la géographie s'occupe d'objets concrets distribués à la surface de la terre, ce qui justifierait l'ancien qualificatif de la géographie «mère des sciences» ainsi que la définition qu'on en fait actuellement comme science des paysages naturels. Deuxièmement, la tradition écologique (**Man-Land Tradition**) a acquis une certaine importance en ce sens qu'on peut considérer l'objet de la discipline par la relation Homme/Nature; dès lors, la géographie acquiert un caractère mixte de science naturelle et de science sociale en même temps. Troisièmement, la **Area Studies Tradition** représente l'un des points de vue les plus populaires parmi les géographes de toutes les époques. C'est cette tradition chorographique qui a donné lieu à tant et tant d'études régionales dans une perspective d'intégration. Malheureusement, elles n'ont pu dépasser le niveau d'une simple somme descriptive des éléments constitutifs de l'espace examiné. Finalement, la quatrième tradition de Pattison (bien que la première sur sa liste) est celle que nous pourrions appeler la tradition spatiale (**Spatial Tradition**). Il s'agit de reconnaître dans la géographie une discipline qui analyse l'espace à partir de ses attributs géométriques et des mouvements ayant lieu à l'intérieur de ses limites. En ce sens, des concepts comme la distance, la forme, la direction et la position acquièrent une signification nouvelle et primordiale pour les géographes qui adoptent cette façon de voir.

Ces quatre traditions sont l'héritage commun de tous les géographes et procurent la consistance essentielle à la géographie. Elles fournissent une alternative aux définitions monistes qui ont toujours été le lot des géographes. Le pluralisme qui en découle permet l'expression la plus large dans la discipline et garantit l'alliance entre la géographie professionnelle et la géographie pédagogique.

Pour nous, **l'espace géographique** représente l'objet essentiel de notre discipline. Dès lors, l'analyse de l'organisation spatiale constitue la tâche essentielle des géographes; cela en fonction d'un objectif de transformation dudit espace géographique et aussi en fonction de l'amélioration des conditions de vie des sociétés humaines qui y habitent et le forment.

D'une manière générale, nous pouvons définir l'espace géographique comme le support et le cadre des relations du milieu physique ambiant, des relations du milieu humain ambiant et des liens existant entre les unes et les autres. En ce sens, nous partageons la pensée d'Isnard (1975 et 1978) quand il dit que :

«l'espace géographique est différent, mais redevable de l'espace naturel... La nature fournit une matière première malléable, plus ou moins riche en possibilités; mais, sans l'action humaine, il n'y aurait sur la Terre que des écosystèmes nécessairement déterminés par les lois de l'organisation biologique... Un espace devient géographique quand il a reçu un aménagement spécifique qui le distingue d'un autre...»

Ainsi défini, l'espace géographique est plus facile à concevoir dans la complexité et la multiplicité des parties qui le constituent, thèmes sur lesquels nous reviendrons en étudiant sa structure. Il est également plus facile de concevoir la position particulière de la géographie à l'intérieur de l'ensemble des sciences, position que le désormais schéma classique de Haggett (1965) nous permet de situer dans la zone d'interaction des sciences de la Terre, des sciences sociales et des sciences géométriques.

En nous basant sur la constatation précédente, nous aimerions préciser un peu plus la définition de la géographie à l'aide de notre propre schéma (fig. 1). Sur celui-ci apparaît la subdivision interne de la discipline comme Reynaud (1982) et Bertrand (1982) l'ont suggéré, l'un pour la géographie humaine et l'autre pour la géographie physique. Bien qu'on puisse discuter une telle subdivision, l'important est qu'elle réponde bien à la notion de complexité de l'espace géographique à laquelle nous faisions allusion précédemment.

Dans l'espace géographique se trouvent toutes les manifestations de cette interaction entre la Nature et la Société (Hägerstrand, 1976). La géographie, comme discipline scientifique, doit être profilée et équipée pour aborder et examiner adéquatement la trame complète des relations réciproques qui s'établissent entre les composantes de l'espace géographique. La subdivision interne de la géographie que nous avons représentée précédemment doit être comprise à l'intérieur d'un tel contexte. Elle favorise une meilleure explication sectorielle de certains faits et processus qui acquièrent leur véritable importance une fois réinsérés dans l'environnement spatial global dont ils font partie [1].

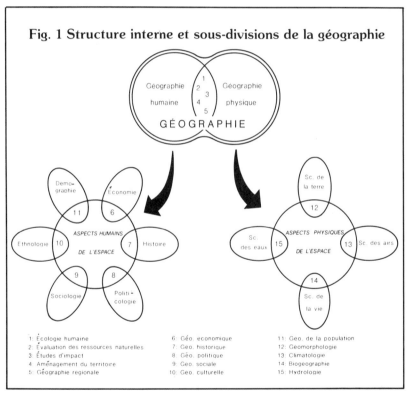

Fig. 1 Structure interne et sous-divisions de la géographie

Géographie humaine / Géographie physique
GÉOGRAPHIE

Demo-graphie / Économie
ASPECTS HUMAINS DE L'ESPACE
Ethnologie / Histoire
Sociologie / Politi-cologie

Sc. de la terre
ASPECTS PHYSIQUES DE L'ESPACE
Sc. des eaux / Sc. des airs
Sc. de la vie

1: Écologie humaine
2: Évaluation des ressources naturelles
3: Études d'impact
4: Aménagement du territoire
5: Géographie régionale
6: Géo. économique
7: Géo. historique
8: Géo. politique
9: Géo. sociale
10: Géo. culturelle
11: Géo. de la population
12: Géomorphologie
13: Climatologie
14: Biogéographie
15: Hydrologie

(d'après plusieurs auteurs)

[1] C'est dans cet esprit que Péguy (1970), en essayant une définition de la climatologie, nous rappelle que, «à tout prendre, l'étude de l'atmosphère ne retient en définitive l'attention du géographe que parce qu'il y a des hommes qui y respirent».

Historiquement, ces manières distinctes de percevoir l'interaction Nature/Société ont donné naissance à différents **paradigmes** en géographie. De tels paradigmes ont guidé les travaux des géographes à une époque ou à une autre et ont provoqué des affrontements et des débats plus ou moins violents à l'intérieur de la discipline.

Ces paradigmes sont au nombre de cinq : le déterminisme, l'environnementalisme, le possibilisme, le comportementalisme et le probabilisme. Les trois premiers font maintenant partie de l'histoire de la pensée géographique alors que les deux derniers sont d'une actualité beaucoup plus concrète.

Le **déterminisme** postule que l'homme dans l'espace n'a pas de choix et qu'il est incapable d'un choix car les propriétés du milieu déterminent ses activités. Dès lors, ses activités passées sont explicables et ses activités futures sont prévisibles par référence aux variations des causes environnementales. L'**environnementalisme** représente, à l'origine, un recul par rapport au strict déterminisme. Le vocabulaire environnementaliste substitue aux mots «contrôler» ou «déterminer» des expressions comme «influencer», «pousser à», «appeler». Ces termes admettent donc une certaine marge de choix parmi les alternatives. Beaucoup d'environnementalistes se préoccupent des relations humaines avec le milieu physique. Le discours environnementaliste affiche souvent une certaine coloration téléologique. La nature est conçue comme une entité sage et avisée guidant la destinée humaine. L'homme est la cible des signaux de la nature. S'il est sage, il en tiendra compte. Mais l'environnementaliste conçoit l'homme comme capable de choisir le mauvais chemin malgré des regrets et des frustrations futurs.

Le **possibilisme** est une théorie en réaction contre le déterminisme et l'environnementalisme. Dans l'optique possibiliste, l'issue du choix est dépassée. Le milieu comme un tout ou l'ensemble quelconque de facteurs environnementaux sont conçus comme une sorte de matrice limitant les résultats opérationnels de tout ce qui est entrepris. Ces limites environnementales sont conçues pour varier d'un lieu à l'autre et d'une époque à l'autre. Les limites implicites dans un jeu de facteurs (vents et courants maritimes, par exemple) peuvent varier avec des changements dans d'autres facteurs (nouveau mode de propulsion des bateaux, nouvelles techniques de construction navale). Dans des conditions

8

de technologie primitive, la gamme des possibilités tend à être étroite. Quand la société dispose d'outils et de capacités plus efficaces, de capital accumulé et d'une organisation sociale plus perfectionnée, les limites peuvent être repoussées en avant et la gamme des choix effectifs s'élargit.

Le **comportementalisme** désigne le principe simple et familier selon lequel une personne réagit à son milieu comme elle l'aperçoit, c'est-à-dire comme elle le perçoit et l'interprète à la lumière de son expérience passée. Ce concept de milieu est désigné de différentes façons dans le vocabulaire des sciences sociales : espace vécu, champ psychologique, environnement béhavioral, environnement psychologique. Le comportementalisme établit une nette distinction entre l'environnement psychologique (avec référence aux choix et décisions d'un individu) et l'environnement opérationnel (dont le cadre limite ce qui peut arriver quand la décision est exécutée). Le fait qu'un certain peuple vit sur une île, par exemple, n'a en lui-même aucun effet sur son histoire; ce qui a un effet, c'est la façon dont ce peuple comprend cette position. Le comportementalisme affirme tout simplement un principe élémentaire : quand il y a une décision à prendre, la question n'est pas de savoir comment le milieu est, mais comment le décideur l'imagine être.

Le **probabilisme** est le cadre général dans lequel des choix et des décisions sont expliqués ou produits sur la base d'une conformité probable à une norme hypothétique. En d'autres termes, les gens dans leur environnement envisagent certains buts, perçoivent et se rendent compte des possibilités et des limites latentes dans leur milieu. Ils appliquent une connaissance rationnelle en choisissant des buts possibles et en formulant des moyens appropriés aux buts choisis (Martin, 1951; Spate, 1952; Spate, 1957; Lewthwaite, 1966; Platt, 1948a; Platt, 1948b; Jones, 1956).

Il est possible aussi de poser le problème de la définition de l'espace et du rôle de la géographie dans les termes proposés par le **matérialisme historique**. L'espace est un produit social qui résulte du processus de production initial et de reproduction des besoins essentiels à la vie (Giguère, 1981). L'organisation de l'espace ainsi que les inégalités qui en découlent ne sont pas indépendantes de la structure sociale; bien au contraire, elles en sont l'expression. L'analyse spatiale (rôle de la géographie) doit donc être historique et tenir compte des rapports de production et du développement des forces productives (Klein, 1978). Ces deux points de vue mettent l'accent sur la composition sociale de l'espace géographique et laissent de côté ses éléments physico-naturels. Toutefois, la géographie soviétique reconnaît l'importance de cette seconde catégorie de composants et les fait intervenir, d'une façon décisive, dans les géosystèmes auxquels nous nous référerons plus loin.

Chapitre 1

Formation de l'espace géographique

L'espace que le géographe essaie de saisir est à la fois étendue, distance, obstacle, disjoncteur de relations, porteur de significations et de valeurs. La diversité des facettes de l'espace n'est pas toujours chose aisée à saisir mais elle est nécessaire pour bien comprendre les articulations de la géographie. Longtemps l'attention a été retenue par ce qui était facilement localisable dans la réalité spatiale. En d'autres mots, les oeuvres des sociétés intéressaient plus que leurs comportements. La géographie actuelle s'intéresse davantage aux déplacements, aux flux de marchandises et d'information, à la domination de l'espace (Claval, 1970).

L'important pour chaque point de cet espace, c'est sa position par rapport à un ensemble dans lequel il s'inscrit et les relations qu'il entretient avec les différents milieux dont il fait partie. L'espace géographique évolue dans un système de relations et ce système s'établit à la surface du globe. De plus, l'espace géographique est un espace changeant et différencié dont le paysage est l'illustration la plus visible. C'est un espace découpé, divisé, morcelé mais dont tous les éléments sont solidaires les uns des autres.

A. Éléments et structures : le «système géographique»

Si l'espace géographique a une diversité aussi changeante, cela est dû, par une bonne part, aux structures. Un même espace supporte des structures physiques, biogéographiques et humaines. Il existe une grille des ensembles spatiaux **isochèmes**, c'est-à-dire des structures géographiques.

De telles structures résultent de l'interpénétration des composants et des caractéristiques naturelles et humaines d'un espace géographique, ainsi que de sa localisation ponctuelle. Exprimée sous forme d'équation, cette définition adopte la forme suivante (selon Faissol, 1975) :

$$S_{N,n} = [Z_N \times A_n]$$

où $S_{N,n}$ = un certain espace géographique

Z_N = un ensemble fini de points p [p1, p2, ...pn],

A_n = un ensemble fini de caractéristiques ou attributs a [a1, a2 ...an]

Une partie de $S_{N,n}$ est déterminée d'après la localisation géographique ou spatiale de p. On doit comprendre cette localisation en fonction des effets qu'elle peut avoir sur les caractéristiques ou les attributs a des points p. De cette façon, le point p1 peut ressembler au point p2 par un simple effet de proximité. Toutefois, le point p1 peut également ressembler au point p0 malgré la distance qui les sépare même quand d'autres facteurs interviennent (par exemple, une même participation dans des contextes climatiques ou socio-économiques similaires).

L'espace géographique perd ainsi sa condition d'espace absolu ou banal pour se transformer en espace relatif. Cette relativisation de l'espace géographique peut s'associer à la distance, comme nous venons de le voir, ou à la marche du temps ou encore à la perception des individus et des groupes humains.

Si l'on considère de cette manière la structure de l'espace géographique, il est évident qu'elle peut donner lieu à l'usage de la notion de **système**. En accord avec Racine (1969),

«un système est essentiellement un ensemble général d'objets, d'unités, d'éléments ou mieux de «composants» (régions urbaines, villes, unités de production, etc.), chaque élément possédant à un moment donné du temps et dans une position géographique définie (...) un certain nombre de caractéristiques (...), qualifiées d'attributs. L'ensemble des éléments ou des composants considérés constitue une «trame» ou une «configuration» (pattern), les liens existant entre les éléments définissant la «structure» de la trame. Considérer les unités composantes et leurs attributs caractéristiques conjointement avec les relations et les liens de dépendance existant entre les unités et leurs caractéristiques, c'est faire l'analyse du «système» (ou l'analyse systémique).»

Un exemple simple permettra de mieux comprendre ce concept et son influence sur la géographie. Dans le système d'eau chaude d'une maison, il y a un grand nombre de tuyaux, de joints et de robinets. Le tout est relié à une chaudière et à un réservoir d'eau froide. On introduit de l'énergie dans le système sous forme de carburant pour le chauffage (gaz naturel, mazout, charbon, électricité). L'énergie se perd par la consommation d'eau chaude et par la perte de vapeur dans l'atmosphère de la maison. La signification de chaque tuyau, robinet ou joint dépend de sa place dans le système : l'utilité de tous les éléments lorsqu'ils sont assemblés est totalement différente de leur utilité lorsqu'ils sont entreposés chez le plombier. La leçon à tirer de cet exemple est à peu près la suivante : la signification des choses dépend largement du contexte systémique dans lequel elles sont perçues. Le système d'eau chaude est un système ouvert puisque l'énergie rentre d'un côté sous forme de carburant et quitte le système sous forme d'eau chaude et de vapeur. Des transferts d'énergie s'effectuent à l'intérieur des frontières du système.

L'**analyse systémique** est donc l'analyse formelle d'un ensemble d'éléments reliés. Mais il y a des relations entre les objets et leurs attributs. Les objets sont les éléments composant le système. Les attributs sont les propriétés, les qualités des objets. Le système fonctionne parce qu'il y a des relations entre les objets et leurs attributs. En d'autres termes, selon la théorie générale des systèmes, des objets reliés (personnes ou choses) entrent dans un système comme **inputs**, en ressortent comme **outputs** et s'y combinent à l'intérieur comme éléments (Boulding, 1956; Barel, 1977).

Le concept systémique est d'une importance extrême pour la géographie. D'ailleurs, le terme de système est traditionnellement employé pour décrire certains traits de grande importance géographique : système fluvial, système de transport. Les systèmes intéressant la géographie engendrent non seulement un ensemble de lignes statiques sur la carte mais aussi un flux de gens ou de matières d'une localisation originelle à une nouvelle localisation. Ainsi, le flux d'un système fluvial s'accompagne d'une érosion et d'une sédimentation. Des collines sont surbaissées, des têtes de rivières reculent, des captures se produisent et des méandres migrent ou se recoupent. Les anticyclones ou les dépressions sont des systèmes à connotation spatiale radicale. Les populations métropolitaines, les espaces agricoles, les territoires politiques peuvent être conçus comme des systèmes. Ces systèmes sont ouverts et se déroulent à différentes échelles tout en étant interreliés voire juxtaposés ou superposés. La vision systémique permet à la géographie d'utiliser un vocabulaire commun avec d'autres sciences et elle aide aussi à dissoudre la dichotomie entre les éléments physiques et sociaux de la géographie (Borchert, 1967; Wilbanks et Symanski, 1968; Chisholm, 1967; Foote et Greer-Wootten, 1968; Chorley, 1964).

La notion de **système ouvert** est essentielle pour l'analyse géographique parce qu'elle illustre et facilite l'interrelation des types distincts d'éléments (physiques et physiques, physiques et biologiques, physiques et culturels...). Comme on l'a déjà dit, un système ouvert reçoit énergie et information (**inputs**) en un temps ti et après certaines transformations internes, émet aussi de l'énergie et de l'information (**outputs**) en un temps ti + 1 (figure 2).

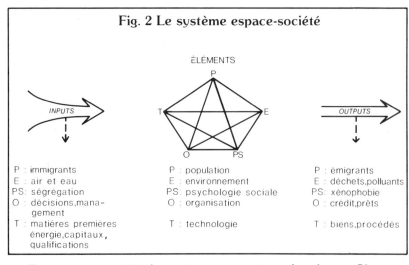

Fig. 2 Le système espace-société

Dans toute société humaine, ce système s'applique. Chaque côté du pentagone représente une des dimensions écologiques. De leur côté, les lignes reliant une pointe du pentagone à une autre montrent qu'un changement dans un secteur entraîne un changement dans tous les autres. Les flèches étiquetées INPUTS et OUTPUTS montrent que le système espace-société n'est pas un système fermé. La population y entre en y apportant des capacités, des besoins et des demandes. La population en sort en emportant d'autres capacités, d'autres besoins, d'autres frustrations. Économiquement, politiquement et spirituellement, des influences entrent dans le système ou sortent du système de la même manière que des politiques promulguées dans des capitales politiques ou religieuses ou dans des centres économiques affectent la communauté.

De même, les institutions politiques, religieuses, commerciales à l'intérieur du système peuvent y appliquer des décisions prises ailleurs. Dans la même veine, à travers les livres, la radio, la presse, de nouvelles perspectives développées dans une communauté pénètrent dans d'autres et y changent leur vision des choses.

Si autant d'outputs quittent le système que n'y entrent des inputs, le solde net est de maintenir une population constante au même niveau de vie. Les façons par lesquelles les inputs sont conçus, distribués et consommés et les façons par lesquelles les outputs sont expédiés dépendent de la disposition de la communauté et se reflètent dans la géographie humaine de la région (axes de transport, habitations, commerces, services publics, équipements socio-institutionnels et récréatifs).

L'une des contributions les plus utiles de la théorie générale des systèmes est le principe de la rétroaction (**feedback**). À l'une des étapes du processus, l'information est retournée, renvoyée en arrière à un niveau ou point de contrôle placé généralement à l'entrée du système. Si la rétroaction contribue à faciliter et à accélérer la transformation du système dans le même sens que précédemment, on parlera d'une rétroaction positive. Si, au contraire, elle agit en sens opposé à la tendance antérieure, on parlera d'une rétroaction négative dont les effets stabilisent le système et maintiennent son équilibre.

Toute cette nomenclature s'applique aussi bien aux systèmes spatiaux composés d'éléments essentiellement physico-naturels qu'à ceux dont la composition principale se fonde sur des éléments socio-culturels. Nous nous référerons avec davantage de détails à ces divers systèmes quand nous traiterons ultérieurement des différentes catégories d'espaces géographiques.

B. Réseaux, noeuds et hiérarchies : les graphes

Si nous revenons à la définition de base de l'espace géographique (S = [Z x A]) et si nous prenons au départ seulement les points p (constituant l'ensemble Z), nous aurons les éléments essentiels du tracé d'un **réseau** géographique, c'est-à-dire la structure fondamentale de l'espace géographique. Au concept de réseau, trois autres viennent se greffer par la suite : les noeuds, les flux et la relation hiérarchique des uns et des autres.

Les principaux dictionnaires de géographie définissent le

réseau comme un ensemble de lignes interconnectées. Le réseau peut être matériel comme un chemin de fer, une route ou un oléoduc; il peut être conceptuel en ce sens qu'il résume une relation qui n'existe pas sous une forme matérielle (entre unités dans une hiérarchie administrative par exemple). On peut décrire un réseau verbalement (drainage dendritique, réseau routier en damier, plan urbain en radiales...) ou en termes de rapports topologiques. La création de réseaux modèles, impliquant un nombre de points, leurs liens possibles et les flux entre eux, est un objectif analytique valable dans l'étude des transports et communications.

Le **noeud** est un point central dans tout complexe, système ou ensemble de distribution. En termes topologiques, c'est un point de non-dimension. En géographie humaine, le noeud peut désigner un noyau central, une agglomération où l'activité est concentrée. Une région nodale s'organise par rapport à un simple noeud ou foyer au moyen de cadres de circulation. Les noeuds peuvent être reliés de différentes manières sur une surface bi-dimensionnelle pour former un graphe topologique. Dans les faits, les noeuds constituent des liens d'activité sociale, économique et politique. Sur une carte, on les représente par des points et l'arrangement positionnel de l'ensemble forme un cadre ponctuel. La raison d'être du noeud géographique est l'économie d'agglomération. En effet, l'agglomération d'activités réduit le coût des mouvements. La révolution des transports a d'ailleurs facilité l'apparition de petits noeuds dépendant de noeuds plus grands. L'agglomération sur des noeuds dominants a été aussi facilitée par les économies d'échelle.

Les phénomènes typiquement géographiques que sont les échanges, les transformations, les transferts (flux de matières, d'énergie, de populations, de biens) relèvent d'ordres, de rythmes et de canaux. Ces réseaux sont donc des systèmes linéaires et continus permettant la circulation de ces **flux** entre différents noeuds de l'espace. On aboutit ainsi à des surfaces maillées de type toile d'araignée formées de noeuds et de réseaux sur lesquels s'installent des **hiérarchies**. Les lieux centraux de Christaller sont l'illustration de ce type d'espace : une hiérarchie d'unités urbaines formant autant de noeuds commandant une hiérarchie imbriquée de réseaux. C'est d'ailleurs par une analyse fine des réseaux qu'il est possible de saisir la manière dont les diverses sociétés humaines disposent du contrôle territorial de leur espace respectif. Ces réseaux revêtent l'aspect de voies ferrées, routes, lignes aériennes, lignes électriques, gazoducs et oléoducs ou encore de télex, téléphone, radio et télévision. Une gare ferroviaire, un échangeur d'autoroutes constituent des noeuds d'accessibilité sur le réseau. Des réseaux comme la radio ou la télévision sont dits isotropiques, c'est-à-dire qu'ils présentent les mêmes propriétés physiques dans toutes les directions. Des réseaux comme les voies ferrées ou les routes sont anisotropiques parce qu'ils sont linéaires. Il y a des réseaux bidirectionnels comme les routes ou unidirectionnels comme les oléoducs.

De son côté, le **graphe** est défini comme la modélisation d'un réseau. Pour une meilleure explication, prenons deux exemples tirés de l'ouvrage de Smith (1975) sur les «patterns» en géographie humaine : un réseau de routes et un réseau de téléphone-télex (figure 3).

Fig. 3 Réseaux de communications

a) Réseau de routes   b) Réseau de téléphone-télex

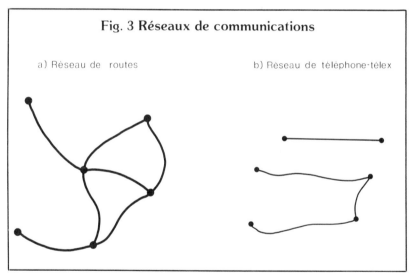

(d'après Smith, 1975)

Chacun de ces deux réseaux est transformé en **diagramme topologique**, c'est-à-dire en un graphe. Ce diagramme indique l'existence d'axes sans référence à leur véritable longueur ou direction. Il y a trois éléments importants dans chacun de ces deux réseaux-graphes : ses noeuds (**V**), ses axes ou segments (**E**) et ses sous-graphes (**G**), c'est-à-dire les parties indépendantes et non connectées (figure 4).

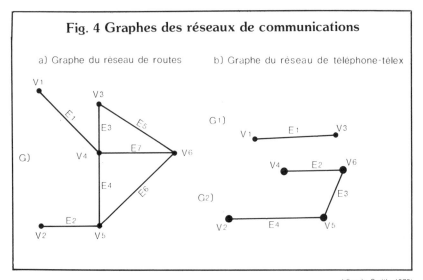

Fig. 4 Graphes des réseaux de communications

a) Graphe du réseau de routes   b) Graphe du réseau de téléphone-télex

(d'après Smith, 1975)

Le premier réseau a 6 points (V_1 à V_6) et 7 segments (E_1 à E_7) et comme tous font partie d'un système continu de liens, il n'y a seulement qu'un sous-graphe (G). Le second réseau a le même nombre de points que le précédent mais seulement 4 segments et comme il n'y a pas de connections entre V_1 et V_3 avec aucun des autres points, le réseau est composé de 2 sous-graphes (G_1 et G_2). Il y a donc une importante différence entre le sous-graphe G et les sous-graphes G_1 et G_2.

L'évolution temporelle d'un réseau peut être également mise en évidence en utilisant une série de graphes qui vont donner lieu au **modèle diachronique** de l'évolution de ce réseau. Tel est le cas, par exemple, du modèle diachronique de l'évolution d'un réseau de transport à l'intérieur d'un pays sous-développé (figure 5).

Tous ces concepts et techniques d'analyse se trouvent à la base de ce que l'on appelle «l'analyse locationnelle ou spatiale». En bref, cette approche cherche à revaloriser l'espace (relatif) des outils géométrico-quantitatifs dans le traitement dudit objet (W. Bunge, 1966; Haggett, Cliff et Frey, 1977; Ciceri, Marchand et Rimbert, 1977).

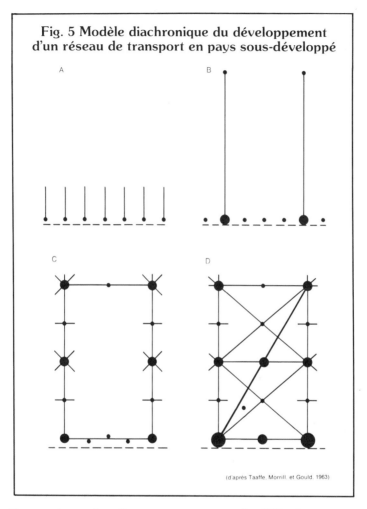

Fig. 5 Modèle diachronique du développement d'un réseau de transport en pays sous-développé

(d'après Taaffe, Morrill, et Gould, 1963)

C. Dynamique des flux et processus de diffusion

L'un des principaux centres d'intérêt des géographes a été l'interprétation de la propagation ou du recul des choses ou des événements occupant ou ayant lieu dans l'espace géographique. La notion de réseau telle que présentée précédemment n'est pas étrangère aux concepts de flux et de mouvements des personnes, des biens ou des services à travers un territoire donné. Des modèles classiques d'organisation de l'espace, tels que celui de Christaller, font également appel aux mêmes idées directrices, notamment en ce qui concerne la mise en application des principes de marché et de transport.

Déjà, dans son *Anthropogeographie* publiée en 1882, Ratzel décrivait les allures démographiques et culturelles découlant de processus de diffusion à partir de centres d'origine. Les changements culturels arrivent par conquête, infiltration, influence. En pointant sur des cartes les contours spatiaux résultant de processus de diffusion on peut identifier le point d'origine du processus et la vitesse de la propagation. Les biogéographes et les anthropologues culturels ont abondamment utilisé cette technique. Mais c'est surtout le Suédois Hägerstrand qui a mis en place l'usage de modèles mathématiques pour décrire et prévoir la diffusion des innovations : modèles inductifs pour décrire les caractéristiques des vagues d'innovation et modèles stochastiques (avec simulation de Monte Carlo) pour prédire la probabilité des vagues d'innovation. Le postulat d'Hägerstrand est à peu près le suivant : plus les individus sont proches d'une source d'innovation, plus il est probable qu'ils seront informés sur cette innovation; la distance n'est pas une simple distance linéaire mais aussi une mesure de contiguïté et de contact.

La diffusion des innovations peut d'abord être établie en rapport avec la transmission et la distribution spatiale des idées. Dans ce cas, les conversations entre individus constituent le moyen de diffusion par excellence, à condition que les idées émises par l'un des interlocuteurs soient acceptées par l'autre. En cas contraire, c'est-à-dire le rejet ou la non-acceptation passive de telles idées, le processus de diffusion se voit gêné ou bloqué par la présence d'un «seuil» de passage difficile ou d'une barrière. Ces termes de seuil et de barrière non seulement sont valides en matière de diffusion des idées mais également ont de la vigueur dans d'autres cas de flux ou de mouvements dans l'espace géographique.

L'extension spatiale et l'intensité des innovations idéologiques peuvent être représentées à la manière de W. Bunge (1966) (figure 6). On y voit la distribution hypothétique d'une idée à travers huit générations de conversation : les isolignes délimitent les espaces successifs de diffusion de l'idée et les zones hachurées permettent de reconnaître les noyaux géographiques dans lesquels l'idée en question a atteint une plus grande force ou intensité.

De la même manière, les innovations technologiques se diffusent lentement à travers l'espace géographique en suivant des canaux déterminés au préalable par la structure hiérarchique du système urbain: les probabilités d'acceptation des innovations technologiques sont plus grandes dans les grandes villes que dans

Fig. 6 Diffusion spatiale d'une innovation idéologique

(d'après W. Bunge, 1966)

21

les petites, bien que finalement ces dernières s'incorporent aussi aux circuits de diffusion (figure 7).

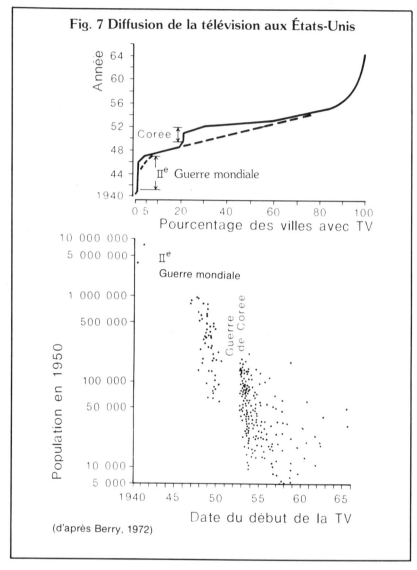

Fig. 7 Diffusion de la télévision aux États-Unis

(d'après Berry, 1972)

Les épidémies, les pratiques administratives, la désertification ou les différentes formes d'utilisation du sol se propagent spatialement selon des cadres semblables à ceux démontrés antérieurement. Le cas des déplacements des fronts pionniers (à des fins de colonisation agricole) et des migrations qui les accompagnent constitue une variante particulière de ce type de processus. Par exemple, on sait que dans différentes régions d'Amérique latine, de grands contingents de population paysanne déménagent actuellement vers des zones antérieurement inhabitées ou faiblement occupées. Ces mouvements migratoires, spontanés ou planifiés, sont possibles dans la mesure où les sols se prêtent à l'agriculture, dans la mesure où les colons sont préparés à affronter les nouvelles conditions de vie et de travail qu'ils espèrent et, surtout, dans la mesure où il existe des voies d'accès permettant un tel déplacement. De cette façon, la carte des espaces agricoles latino-américains change constamment selon une tendance expansionniste qui n'est pas d'ailleurs sans préoccuper les écologistes. Ces derniers, en effet, affirment qu'une partie importante des sols destinés à l'agriculture est bien trop fragile et encline à l'épuisement et à l'érosion.

Finalement, nous mentionnerons un autre processus spécifique de diffusion spatiale se déroulant dans les espaces urbains de la planète. Il s'agit de la croissance des espaces urbanisés, croissance accompagnée d'une complication progressive de leurs structures internes. En examinant ce processus à l'une de ses premières étapes, il est possible de reconnaître le rôle de barrières relatives que jouent les obstacles physicogéographiques (un fleuve par exemple) (figure 8).

Quand la barrière est plus facilement franchissable et quand le dynamisme de la cité augmente, le processus de diffusion se fait plus régulier, avec une accélération qui croît exponentiellement à mesure que le temps passe (figure 9).

La diffusion spatiale et la dynamique des flux sont, comme on le voit, deux orientations de la géographie moderne se nourrissant des acquis d'autres sciences (particulièrement des sciences exactes comme la physique). En ce sens, il est évident que des disciplines géographiques comme la climatologie ou l'hydrologie s'ouvrent beaucoup plus facilement à l'utilisation de ces concepts et ceci depuis leurs débuts. Quand la géographie humaine, la géographie économique ou la géographie régionale adoptent aussi ce langage et cette forme d'analyse de processus, nous assistons alors à une véritable rénovation de la géographie, concomitante aux apports techniques et conceptuels que lui a offert la mathématique.

Fig. 8 Effet de barrière d'un cours d'eau sur la diffusion d'une ville

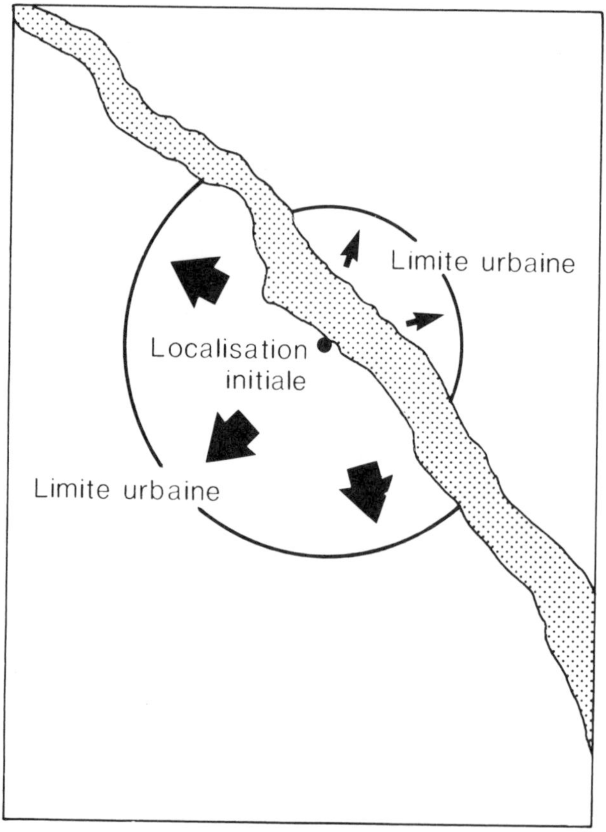

(d'après Abler, Adams et Gould, 1971)

L'espace géographique se transforme ainsi dans son contenu et dans les stratégies d'analyse qu'on peut y appliquer. Dans les pages suivantes, nous verrons quelques-uns des résultats produits par ces changements aussi bien dans les espaces géographiques de type physique que dans les espaces géographiques de type humain.

Fig. 9 Croissance de Londres entre 1840 et 1964

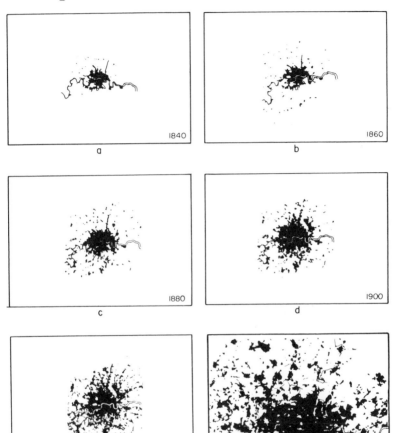

(d'après Abler, Adams et Gould, 1971)

25

Chapitre 2

Quelques catégories d'espaces géographiques

Malgré les caractères communs que nous pouvons distinguer dans les différents espaces géographiques, il convient de procéder à quelques distinctions entre eux, autant pour ce qui concerne leurs composants principaux que pour le rôle que les êtres humains y jouent. En ce sens, nous reconnaissons l'existence d'espaces géographiques plus ou moins humanisés, comme le sont les espaces politiques ou les espaces naturels. Dans les premiers, la dimension sociale est notoire tandis que, dans les seconds, elle apparaît plus diffuse. Nous pouvons également séparer les espaces régionaux des espaces vécus, les premiers étant davantage propices à l'intervention et à la planification humaines que les seconds. En dehors de ces quatre catégories d'espaces géographiques que nous venons de mentionner, il en existe d'autres indubitablement. Cependant, nous nous limiterons à l'analyse de celles-ci pour des raisons pratiques et, de plus, parce qu'une grande partie de nos préoccupations méthodologiques peuvent être traitées à l'intérieur de ce cadre.

A. L'espace vécu et sa perception

À partir du début de la décennie soixante-dix, la géographie quantitative a commencé à être l'objet d'une série de réactions critiques motivées par les excès et les déformations dans lesquels elle a paru s'enfermer. Une des formes de cette réaction a été l'alternative humaniste, philosophiquement basée sur la phénoménologie existentielle. Elle met principalement l'accent sur l'étude des intentions, des valeurs et des objectifs d'un certain groupe humain. Elle considère l'espace vécu comme le monde de l'expérience immédiate antérieur à celui des idées scientifiques et elle estime que beaucoup d'abstractions ne s'appuient pas forcément sur des éléments concrets dérivés de l'espace vécu. L'étude de l'expérience humaine de l'espace se concentre sur les attitudes et la connaissance. Les procédures scientifiques qui séparent les sujets des objets, la pensée de l'action, les personnes de leur environnement sont considérées comme inadéquates pour analyser le monde vécu. Dans cette perspective, le sens des lieux, l'espace social et les rythmes espace-temps sont des appuis essentiels pour la géographie (Peña et Sanguin, 1982).

Si le comportement spatial de l'homme est fonction de l'image mentale qu'il possède à propos de son milieu d'habitat, l'esprit humain se convertit en un nouveau thème d'étude pour la géographie dans la mesure où c'est en lui que résident la perception de ce milieu, la formation de l'image spatiale et la décision que provoquera une conduite spatiale déterminée. Pour comprendre ce qui se passe dans l'esprit humain à propos de possibles conséquences spatiales, la géographie a besoin de la psychologie (Capel, 1973). La sociologie est aussi d'un concours précieux puisqu'elle s'occupe de comportements collectifs, ce qui, à l'échelle où travaille la géographie, peut avoir plus d'intérêt que les comportements individuels.

La perception spatiale est l'une des dimensions du complexe d'images que l'homme se fait du monde autour de lui. Ce complexe d'images, c'est le champ perceptuel. Ce dernier est affecté par plusieurs variables comme le conditionnement culturel, le milieu social, les attitudes politiques et les motivations idéologiques (figure 10).

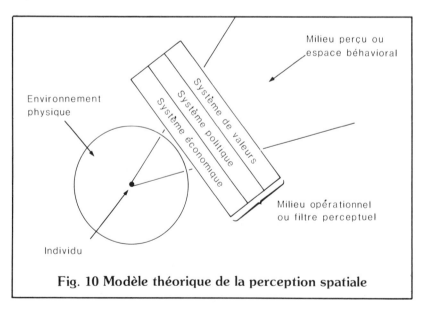

Fig. 10 Modèle théorique de la perception spatiale

Ainsi donc, l'espace géographique est un espace ressenti et perçu par les hommes et les femmes en fonction de leurs systèmes de pensée comme de leurs besoins. Au réel, viennent s'ajouter l'irrationnel, le mythique, le religieux, le cosmologique, le rêvé, le frustré, le schématisé et le déformé. Chez certaines civilisations rurales primitives, la montagne, l'eau, la forêt sont des espaces sacrés (le thème «Wilderness As Sacred Space» développé par la géographe Linda Graber aux États-Unis). La nomenclature territoriale développée par la langue locale, le dialecte ou le patois dévoile l'espace perceptuel dont aucun document écrit n'est capable de donner la clef. Il est très clair que la signification de l'espace change selon les individus, les sociétés et les époques. Dans l'espace piétonnier ou cavalier des siècles passés, la perception de la distance était unanimement perçue. Actuellement, l'espace mécanisé de type routier, ferroviaire ou aérien n'engendre pas les mêmes échelles selon les pays ou les classes sociales. L'espace du petit paysan sans terre n'est pas celui du commerçant ni celui du fonctionnaire et encore moins celui du businessman cosmopolite.

Lorsque nous nous exerçons à une petite introspection vis-à-vis de nous-mêmes et que nous nous interrogeons sur la nature de la connaissance du monde environnant, nous nous rendons compte souvent que notre connaissance est inexacte ou liée à une échelle de valeurs. Nous parlons de Paris comme la Ville lumière ou de Rome comme la Ville éternelle. Il est donc plus raisonnable de dire que nous avons des perceptions de l'environnement plutôt qu'une connaissance scientifique de l'environnement. Les perceptions peuvent se définir comme des morceaux de connaissance acquis par l'individu comme résultat de ses contacts visuels, tactiles, verbaux et auditifs avec l'environnement autour de lui. Elles ne sont pas nécessairement exactes par rapport aux normes scientifiques; disons plutôt qu'elles sont plus ou moins exactes. Toutefois, il convient de distinguer deux types de perceptions : désignatives et appréciatives. Les perceptions désignatives sont celles que nous avons à propos des attributs des lieux et qui n'ont pas de rapport avec l'évaluation de ces attributs. Ainsi nous dirons que «tel endroit est loin d'ici», que le «Sahara est aride et couvert de dunes de sable» ou que «Harlem est un ghetto noir»... Les énoncés à propos de ces lieux sont émotionnels et il n'y a pas d'évaluation du bon et du mauvais, du beau et du laid. Les perceptions appréciatives sont celles où l'on porte des jugements de valeur sur les lieux. Ainsi nous dirons que «la plage de Copacabana est paradisiaque», que «Haïti est fascinant», que «Florence est harmonieuse» ou que «Las Vegas, c'est terrible!»... Il y a bien là une évaluation des lieux selon une échelle de préférence ou de désir (Cox, 1972).

Il y a un autre domaine de la géographie de la perception qui mérite aussi notre attention : celui des rapports existant entre la distance réelle et la distance perçue. La plupart des enquêtes effectuées auprès de tel ou tel groupe montrent combien la distance des villes les plus proches de l'individu tend à être surévaluée par rapport aux distances estimées des villes les plus éloignées. À l'intérieur des villes elles-mêmes, la perception des distances est fortement affectée par le temps de transport. Un lieu éloigné du centre-ville est ainsi très affecté par la congestion de la circulation et par les arrêts. À partir de la masse d'informations que l'homme-habitant reçoit sur son environnement, une hiérarchie ordonnée finit par se dégager et une classification d'**images spatiales** émerge. De telles classifications positionnelles ou images spatiales ont des conséquences géographiques importantes. Si nous sommes capables de placer un lieu spécifique dans une classification positionnelle, nous évaluons alors son attraction. Ce jeu mental revêt une influence très grande dans la recherche d'une nouvelle résidence, d'un nouveau lieu de travail ou d'un nouvel espace de loisir. Il existe ainsi des cartes mentales de **désirabilité résidentielle.**

On a suggéré également une relation causale entre perception et comportement. En ce sens, tout ce que nous reconnaissons comme utile dans l'espace environnant est le résultat d'un processus sélectif se fondant simultanément sur des facteurs culturels, sociaux et politiques. Ce processus détermine notre conduite spatiale et les diverses altérations que nous produirons autour de nous. Selon les résultats de ces transformations, nous renforcerons ou nous modifierons les mécanismes les ayant provoqué.

C'est tout le sens du modèle de Downs (1970) dont le point de départ est le monde réel considéré comme une source d'information (figure 11). Cette information pénètre l'individu à travers un système de récepteurs perceptuels et sa signification précise est déterminée par l'interaction du système de valeurs de l'individu et de son image du monde réel. L'information ainsi élaborée et/ou filtrée s'incorpore à l'image du monde réel élaborée par l'individu. Sur la base de l'information et de l'image, l'individu décidera de ses mécanismes d'ajustement par rapport au monde réel; il peut résoudre la recherche de nouvelles informations ou l'adoption d'une certaine conduite modificatoire des conditions environmentales et spatiales qui l'entourent.

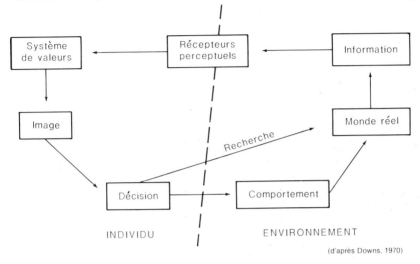

(d'après Downs, 1970)

**Fig. 11 Perception spatiale, comportement individuel
et prise de décisions**

Bien que l'homme soit considéré comme un système complet de processus d'information, on le conçoit principalement comme responsable d'un processus de prise de décisions à transcendance spatiale. Cela se réalise à partir d'un comportement qui est fonction, dans une large mesure, de l'image qu'il s'est forgée par rapport au monde réel.

Les questions de la perception de l'espace refont maintenant surface comme conséquence de la révolution phénoménologique, c'est-à-dire que l'on sait dorénavant utiliser les techniques mises au point par les psychologues pour apprécier la perception. Des méthodes d'interprétation sont utilisées pour décrypter les cartes mentales. De même, les nouvelles recherches sur la perception de l'espace cherchent à montrer comment l'esprit structure l'espace qu'il perçoit. C'est le sens des travaux de Kevin Lynch. Au début de années soixante, c'est David Lowenthal qui ouvrit la voie en plaçant délibérément la démarche géographique sur le terrain des approches phénoménologiques (importance du vécu, système de signification, monde de l'expérience personnelle...). C'est ainsi qu'on a fini par comprendre que les individus installent sur les objets perçus un réseau de significations reflétant leur expérience, leur milieu social, leurs aptitudes. Chacun, pour ce qu'il est, se crée partiellement l'environnement dans lequel il vit.

Plusieurs questions centrales n'ont toutefois pas encore reçu de réponse à partir des travaux contemporains : quelle est l'origine du sens que l'individu confère au monde à l'occasion de la perception? Qu'est-ce qui attache l'homme à la terre? Qu'est-ce qui l'enracine? Qu'est-ce qui donne à son vécu une densité si particulière? Quel est le sentiment éprouvé par les lieux? Qu'est-ce qui nous y attache ou nous en éloigne? Qu'advient-il lorsqu'une civilisation perd le sens des lieux, lorsqu'elle atteint le stade du **placelessness**, les non-lieux, les lieux de nulle part, standardisés, aseptisés et robotisés comme, malheureusement, la civilisation américano-technicienne en produit?

Face à la crise contemporaine des sociétés, la géographie humaniste comme approche phénoménologique des lieux, des paysages et des espaces rassure l'individu et propose une méthode pour comprendre plutôt qu'une connaissance purement intellectuelle.

B. L'espace physique et l'analyse des paysages et des géosystèmes

On considère actuellement que le destin et l'évolution future de la géographie sont liés à une reformulation des catégories d'espace et de temps que la géographie physique a utilisées durant une bonne partie de ce siècle. Lentement, ces catégories deviennent de plus en plus compatibles avec l'activité humaine (Joly, 1978). À l'intérieur de ce cadre de référence, deux voies complémentaires s'ouvrent aux géographies physiques afin de récupérer, dans un premier temps, l'unité de leur propre sous-spécialité et, dans un deuxième temps, de la mettre en relation avec une géographie humaine réunifiée. Ces deux voies sont le traitement des «paysages» et l'étude des «systèmes naturels» (Peña, 1981).

1. Science des paysages «naturels»

Bertrand, qui a beaucoup insisté sur l'utilisation du concept de paysage (spécialement pour garantir le maniement unitaire des contenus de la géographie physique) le définit, dans l'un de ses premiers travaux, comme le résultat, sur une certaine portion d'espace, de la combinaison dynamique et, partant, instable d'éléments physiques, biologiques et anthropiques qui, par réaction dialectique entre eux, créent un ensemble unique et indissociable en permanente évolution (Bertrand, 1968). Bien que nous ne soyons pas d'accord avec ce caractère unique attribué au paysage, la définition précédente satisfait plusieurs autres exigences du caractère intégrateur de la géographie. Elle fait référence à trois éléments principaux : le «potentiel abiotique» regroupant tous les éléments abiotiques, l'«exploration biotique» recouvrant l'ensemble des communautés végétales et animales et l'«utilisation anthropique» interférant avec les deux premiers termes (Delpoux, 1972).

En URSS, l'analyse du paysage naturel, considéré dans toute sa complexité, a des racines assez anciennes et continue à agir comme scène d'intérêt dans le cadre d'une géographie physique «globale». Le terme «naturel» inclut les influences anthropiques dans la mesure où le fonctionnement du paysage, à un moment déterminé, est naturel. Ce type d'études réalisées par les géographes soviétiques s'appuie sur les bases théoriques des relations existantes entre les complexes naturels et leur valorisation ou utilisation par les êtres humains (Vogt, 1973; Beroutchachvili et Mathieu, 1977).

Quand on met en parallèle les concepts de paysage et d'écosystème, on distingue plusieurs différences intéressantes du point de vue spatial. On considère, par exemple, que le paysage représente l'ensemble des éléments où se déroulent les mécanismes cycliques et terminaux de l'écosystème. Dès lors, le paysage acquiert un caractère structural par opposition au caractère fonctionnel de l'écosystème. Le paysage possède donc une signification spatiale évidente et on peut le définir comme l'expression spatiale de l'écosystème et du milieu ambiant (Richard, 1975). Malgré la réduction du concept de paysage à un caractère structurel qui nous paraît arbitrairement limitatif, nous nous accordons à lui assigner une connotation spatiale que l'écosystème, comme concept fondamentalement biologique, ne possède pas.

En tout cas, puisque les liens entre les deux concepts sont nombreux et variés, nous pouvons admettre que certains paysages sont étroitement liés au mode de fonctionnement de quelques écosystèmes. En certaines occasions, ils arrivent même à se confondre. C'est notamment ce qui arrive quand il s'agit d'écosystèmes équilibrés non tributaires ou faiblement tributaires de l'extérieur. Selon

Delpoux (1972), là réside l'origine de paysages matériellement et énergétiquement équilibrés dans les limites desquels les phénomènes de transfert sont cycliques, au moins pour la matière. L'énergie captée est totalement utilisée par les composants biotiques du paysage. Dans cette catégorie s'insèrent tous les «paysages naturels» peu marqués par l'homme. Leurs limites se superposent avec celles des écosystèmes, lesquels, à leur tour, se distinguent entre eux par leurs composants.

Ensuite, il existe les paysages «exportateurs» d'énergie. À une certaine étape de la séquence naturelle ou des séquences reconstituées par l'homme (cultures), ce dernier extrait de la matière organique végétale (céréales, fruits) ou animale (poisson, chasse, élevage...) et l'utilise généralement en dehors du paysage. De cette façon, une partie plus ou moins grande de l'énergie captée initialement à l'intérieur des limites du paysage est ultérieurement «exportée» en dehors de lui.

Finalement, il y a les paysages «importateurs» d'énergie. Dans ceux-ci, les producteurs de matière organique à valeur énergétique n'existent pas ou existent en quantité insuffisante. La communauté vivante se perpétue, dès lors, grâce aux efforts provenant de l'extérieur comme c'est le cas, par exemple, dans les paysages urbains.

On peut considérer ces deux derniers types de paysages comme des «écosystèmes déséquilibrés» (Delpoux, op. cit.). En réalité, cette condition de déséquilibre est une évidence majeure du rôle de l'espèce humaine dans la formation des paysages étudiés par la géographie. Les processus dynamiques dans lesquels participent les composants biotiques ou abiotiques des paysages sont souvent perturbés par l'homme. Consciemment ou inconsciemment, ce dernier détourne à son avantage les flux énergétiques et matériels se produisant dans les écosystèmes et leurs périphéries. De là, l'importance de mieux définir l'un des rôles du géographe. On demande en effet à celui-ci, de manière chaque fois plus urgente, qu'il soit capable de reconnaître les effets transformateurs que les actions humaines produisent dans le système spatial (naturel) afin de permettre l'introduction des correctifs adéquats si les circonstances l'exigent.

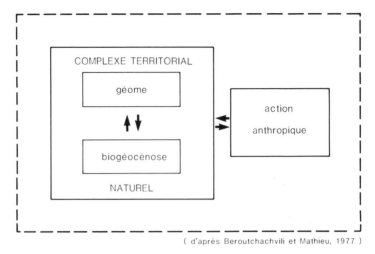

(d'après Beroutchachvili et Mathieu, 1977)

Fig. 12 Le géosystème

2. Science des systèmes naturels

Quand nous révisons les contenus et l'orientation de la géographie physique, le concept de système gagne une force accrue attribuable, en bonne partie, aux efforts de Stoddart (1965, 1967) pour faire de l'écosystème un modèle, un principe et une méthode pour la géographie. On peut trouver une application immédiate de ce point de vue dans une nouvelle formulation des processus naturels ayant lieu dans l'espace géographique tels que la morphogenèse ou la production des climats urbains, par exemple.

La conception fonctionnelle de l'écosystème sert aussi à définir les systèmes naturels, apparentés à la notion de paysages naturels examinés antérieurement. Nous pourrions dire que le système naturel se situe à mi-chemin entre l'écosystème et le paysage naturel et sert, à son tour, de plate-forme pour développer un concept plus ample : le «géosystème» ou «système géographique». Beroutchachvili et Mathieu (1977) le définissent comme la combinaison d'un géome et d'une biocénose, sous les effets de l'action anthropique (figure 12).

Les quatre composants de base du géosystème (lithomasse, hydromasse, aéromasse et biomasse) représentent la structure thématique fondamentale de la géographie physique. Pour les étudier dans leurs interactions, leur distribution spatiale et leur évolution temporelle, les géographes soviétiques (qui jouent un rôle d'avant-garde sur ce terrain) ont installé de nombreuses stations à travers tout leur pays. Le but ultime de ce déploiement de moyens est la connaissance et la prévision du comportement (ou éthologie) des géosystèmes (figure 13).

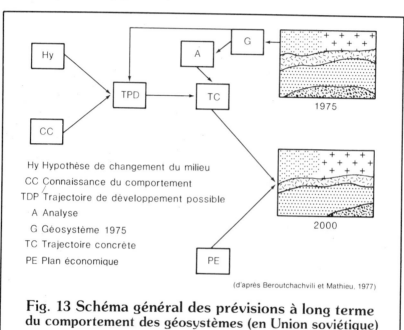

Hy Hypothèse de changement du milieu
CC Connaissance du comportement
TDP Trajectoire de développement possible
A Analyse
G Géosystème 1975
TC Trajectoire concrète
PE Plan économique

(d'après Beroutchachvili et Mathieu, 1977)

Fig. 13 Schéma général des prévisions à long terme du comportement des géosystèmes (en Union soviétique)

Pour les géographes soviétiques, il existe en plus la possibilité de procéder à ce qu'ils appellent «la prévision surveillée» à travers laquelle on essaie d'atteindre la rentabilité ou l'utilité maximale dans l'exploitation d'un géosystème, tout ceci avec un risque minimal de changement ou d'altération. Cet objectif «éthologique» des géosystèmes est l'un des fondements de l'école de géographie «constructiviste» qui se développe actuellement en URSS. Les recherches de ce type, ensemble avec les progrès de la télédétection, permettent l'évaluation des ressources naturelles et des potentiels naturels et économiques sans abandonner la nécessaire surveillance du milieu ambiant (Beroutchachvili et Mathieu, 1977).

Voilà donc une façon de faire de la géographie se rapprochant énormément des inquiétudes anthropocentriques déjà identifiées en rapport avec l'analyse de l'espace naturel dans lequel se développe l'activité humaine et qui, de plus, donne un relief nouveau à la notion de systèmes appliquée à notre discipline.

Il reste encore beaucoup à faire et à éclaircir quant à l'introduction des principes et des techniques d'analyse des systèmes en géographie physique. Nous avons seulement entrevu ici quelques bases de réflexion et quelques exemples qui peuvent servir, surtout, pour mieux cerner l'importance assignée aux objectifs et dynamiques orientés vers une meilleure connaissance et un meilleur aménagement du milieu naturel. Sans doute convient-il d'attirer l'attention sur la ressemblance existante entre ces derniers énoncés et la notion de paysages. En réalité, dans notre vision du problème, les paysages équivalent, en bonne part, aux systèmes naturels tels que définis précédemment. Dans les deux cas, il y a interaction du milieu physique et des groupes humains. D'un autre côté, cela constitue l'élément clef de notre réticence à employer le concept d'écosystème comme objet ou comme base méthodologique de la géographie en le restituant à sa légitime science mère, la biologie.

Les paysages et les systèmes naturels peuvent être traités avec des procédures et des techniques semblables. Quelques exemples mentionnés à propos des paysages démontrent, par exemple, la valeur explicative que revêt aussi pour eux l'analyse de systèmes. Pour leur part, et tout comme les paysages, les systèmes naturels requièrent des travaux de terrain. Dans ces deux approches, le concours de toutes les facettes et orientations de la géographie est également nécessaire. En vérité, l'unique facteur de distinction entre paysages et systèmes naturels est plutôt de type phénoménologique : les premiers tendent à incorporer une variable subjective ou perceptuelle qu'on ne retrouve pas dans les seconds. De là découle une interprétation «paysagistique» du milieu physique imprégnée, le plus souvent, d'esthétisme et d'écologisme (au sens militant du terme). Quand on perd la perspective proprement scientifique d'une étude à assumer, il n'est pas difficile, en certaines occasions, de se laisser aller à la simple contemplation bucolique de la nature. Les systèmes naturels et leur corollaire les «géosystèmes» nous paraissent, en échange, davantage enracinés dans une tradition de travail scientifique que la géographie ne peut, en aucun cas, abandonner.

C. L'espace politique et ses frontières

Les frontières politiques résultent du sens humain de la territorialité. Les communautés cherchent à délimiter, d'une façon rigide, un espace à l'intérieur duquel elles peuvent préserver leur identité culturelle et mouler leur futur politique. Ainsi, au niveau étatique, les frontières marquent les limites de la souveraineté, de la juridiction et du pouvoir des systèmes politiques. Au niveau infraétatique, les frontières administratives, régionales, métropolitaines ou municipales résultent de la structure spatiale interne de l'État pour répondre à des buts d'administration publique.

La perception de la frontière a changé selon les époques : de l'image-barrière, on est passé petit à petit à l'image-liaison. Les frontières politiques contemporaines sont d'une grande signification pratique car leur force éventuelle reflète l'état des relations entre les communautés socio-politiques qu'elles séparent. Les frontières d'agrément mutuel ont évidemment un plus grand degré d'acceptation que celles résultant d'une partition. En termes pratiques, le caractère tranché de la frontière empêche très souvent la mise en place de politiques de localisation transfrontalières ainsi que l'émergence de freins aux effets de rupture. Les rôles frontaliers de barrière ou de liaison peuvent être cernés par l'analyse des interactions entre villes situées de part et d'autre de la ligne. Les frontières sont aussi et surtout des facteurs très importants de localisation économique donc de différenciation paysagère. En d'autres mots, elles engendrent ou soulignent des solutions de continuité dans les schémas d'organisation et d'évolution des espaces; elles constituent un élément d'organisation et d'évolution spatiales en raison même de la rupture juridictionnelle qu'elles représentent et de la conjonction exceptionnelle de phénomènes et de facteurs que cette rupture juxtapose. L'analyse conjuguée de ces actions, en apparence contradictoires, permet de dégager les éléments les plus caractéristiques des espaces en présence, autant d'ailleurs les espaces que la frontière sépare que ceux qu'elle unit. Phénomènes et lieux privilégiés tout à la fois, les frontières permettent de dégager les éléments typiques des paysages où elles s'insèrent.

C'est donc bien le caractère technique et non le caractère émotionnel de la frontière qui doit être mis en relief en géographie politique. La frontière est un instrument géographique de différenciation et, par conséquent, en fin de compte, d'organisation de l'espace (Guichonnet et Raffestin, 1974). En un sens, la frontière est le fruit de la passion humaine pour l'exactitude, la mesure et le «dimensionnement» de tous les objets physiques; dans l'espace territorial politique, l'infinité est incompréhensible et inutile pour l'esprit humain. Comme expression d'une culture autonome et de ses objets matériels (espace et peuple), la frontière caractérise la limite de la région politique. Marquant à la fois la possession et l'exclusion, elle est destinée à être précise et exacte; c'est à ce stade qu'elle entre en contradiction avec les limites de l'environnement naturel. Les fonctions frontalières sont donc l'expression critique des relations économiques, culturelles, politiques et militaires entre États souverains mais elles sont aussi l'expression finale du nationalisme renforcé dans l'État industriel moderne où le gouvernement central envahit toutes les sphères de l'activité nationale plus profondément et plus complètement qu'auparavant.

Les frontières, cependant, créent tout autant d'uniformité dans la mesure où elles sont partie prenante des mécanismes qui régissent l'équilibre d'ensemble des États. Le jeu de la mobilité donne à la région frontalière une bonne part de sa spécificité. C'est un lieu d'externalités originales. Les processus d'agrandissement d'échelle, si typiques de la mutation du faciès de l'espace géographique depuis le début du siècle, ont un impact direct sur l'espace frontalier. Alors que les régions frontalières étaient, il y a 70 ou 80 ans, des filigranes ou des rubans étroits, aujourd'hui elles ont acquis une largeur sans précédent. Le phénomène frontalier s'inscrit totalement dans la portée de la théorie générale des systèmes avec son jeu d'inputs, d'outputs et de feedback fondé sur le budget-relations, le budget-temps et le budget-espace (Raffestin, 1974a). Dans ses composants, la frontière est donc un système ouvert : les effets de frontière sont importants dans la mesure où ils influencent les conditions d'existence des collectivités frontalières. Le budget-relation, le budget-temps et le budget-espace constituent un triangle dynamique dans lequel les variations sont corrélatives, non pas simultanément mais successivement. Ce champ relationnel permet de raisonner sur des facteurs dont l'aliénation par la frontière est immédiatement repérable. En ce sens, les discordances, les disjonctions, les distributions et les coûts influencent les trois pointes du triangle dynamique (Raffestin, 1974b).

À des degrés divers, la frontière exerce donc une pression osmotique sur les espaces qu'elle sépare mais en même temps, et c'est là son paradoxe apparent, elle abrège la croissance de centralisation et de pouvoir des États qu'elle divise. La fonction frontalière est dérivée non de la nature de la ligne frontalière mais de la nature des communautés qu'elle sépare. La frontière laisse une empreinte durable et, plus longtemps la frontière fonctionne, plus il est difficile d'en altérer l'empreinte. Voilà pourquoi il existe une concurrence entre la persistance et l'obsolescence pour beaucoup de frontières et il est intéressant de se demander quelles sont, dans un pays donné, les frontières persistantes et les frontières obsolescentes voire symboliques.

De quelle manière les frontières ceinturant un État exercent-elles une action directe sur le domaine agricole? L'effet frontalier peut être visible ou invisible. Il est visible lorsqu'il se traduit par une coupure dans le paysage agraire en déterminant des différences dans le mode d'exploitation ou dans l'habitat rural. Il est invisible lorsqu'il affecte le faire-valoir ou la propriété. Dans le domaine communicationnel, il est tout aussi intéressant de savoir dans quelle mesure les limites frontalières de l'État exercent une tendance à rétrécir, diminuer ou tout au moins filtrer les flux circulatoires, qu'ils soient routiers, ferroviaires, téléphoniques, audiovisuels ou journalistiques. En d'autres termes, ne passe-t-on pas d'une homogénéité cisfrontalière à une hétérogénéité transfrontalière? Une grande part de l'homogénéité intra-étatique et de l'hétérogénéité inter-étatique peut être attribuée au fait que la localisation économique tend à être plus parfaite à l'intérieur de l'État qu'entre les États. Une certaine éthique de justice territoriale pousse les gouvernements à favoriser l'homogénéité économique à l'intérieur du territoire politique. Les gouvernements s'arrangent pour que la fourniture de biens et services publics, en quantité et en qualité, ne diffère pas trop d'un point à un autre du territoire national. Dès lors, en ce qui concerne les franges spatiales des États, on peut se demander s'il n'existe pas des effets d'opportunité, c'est-à-dire des lieux proches de la frontière qui sont motifs à localisation attractive et, inversement, s'il n'existe pas des effets de halo, c'est-à-dire des lieux où la frontière rend les localisations répulsives.

La frontière politique est un environnement qui peut affecter, à des degrés divers, les flux d'information entre communautés en influençant l'extension spatiale, la forme et la connectivité des groupes sociaux ou des communautés d'intérêt. De quelle façon et dans quelle mesure les franges territoriales des États empêchent-elles ou facilitent-elles le passage des flux d'information? Lorsque les canaux de communications internes ont été construits au détriment des communications transfrontalières, il en résulte une difficulté voire un fossé dans l'extension spatiale des réseaux sociaux ou des communautés d'intérêt de part et d'autre de la frontière. Il faut également ne pas perdre de vue la perception de l'espace frontalier par les groupes concernés. L'accord entre l'image subjective des populations d'un côté de la frontière peut être insignifiant par rapport à celui des résidents situés de l'autre côté. Dans ses études sur la lisibilité des paysages urbains, Lynch a remarqué que beaucoup de citoyens perçoivent la frontière comme un élément important de leur environnement subjectif (Lynch, 1976). Les citoyens ont plus de difficultés à relier la position de la frontière à la structure spatiale des lieux situés de l'autre côté qu'à la structure spatiale des lieux situés de leur côté. Ces deux observations fondamentales de Lynch mettent en relief le degré de convergence spatiale entre les éléments de l'environnement objectif et les mêmes éléments dans l'image mentale individuelle changeant selon certaines frontières perçues. Ceci tendrait à démontrer que les espaces transactionnels sont biaisés le long des frontières ou tout au moins restreints par elles. Lynch a également observé que les frontaliers ne perçoivent pas les routes comme des voies ou des canaux d'interaction. Ceci montre l'irruption d'un changement de perception au niveau de la frontière : le citoyen possède une perception très fine de son côté à lui mais sa perception transfrontalière est beaucoup plus grossière.

Aux frontières des États, les points de passage routier (et, dans une moindre mesure, ferroviaire) fonctionnent comme des entonnoirs collecteurs de trafic provenant des vastes espaces situés de part et d'autre de la ligne bordière. L'espacement de ces points d'accès peut avoir des conséquences importantes sur l'environnement subjectif des résidents frontaliers et peut se manifester dans leur comportement spatial. Le problème du détour ne doit pas être oublié dans la dimension frontalière. Beaucoup de communautés humaines vivent près de la frontière mais trop loin d'un point de passage. Leur perception transfrontalière risque d'être amoindrie dans la mesure où la frontière est une barrière infranchissable engendrant un manque d'accessibilité.

Près d'une dizaine de catégories d'analyse géographique de frontières sont repérables mais on peut en retenir surtout les suivantes : effets des changements frontaliers, évolution de la fron-

tière, délimitation et démarcation, enclaves, concurrences frontalières pour l'exploitation d'une ressource naturelle (Minghi, 1963).
Quel que puisse être l'angle abordé, la dimension fonctionnelle doit
toujours rester présente à l'esprit. L'effet d'un changement frontalier est un puissant élément dans la connaissance de deux
systèmes étatiques parce qu'il illustre leur approche différentielle dans l'organisation d'un même morceau de territoire. De leur
côté, les frontières statiques ont un impact sur les allures de la
circulation et cet impact varie selon les changements de la fonction
frontalière. La pression accrue pour l'exploitation de ressources
naturelles est aussi d'importance dans la dimension frontalière.
L'étude des frontières internationales de l'État doit montrer aussi
que celles-ci, comme diviseurs politiques, séparent des peuples aux
nationalités différentes et par conséquent à l'iconographie différente. La frontière politique est-elle un sélecteur de comportement
et un indicateur d'attitudes iconographiques?

D. L'espace régional et la régionalisation

Le concept de région représente un problème ancien et essentiel à l'intérieur des grandes définitions de la géographie. De sa
version «française» originale, on a évolué vers une version «anglo-
saxonne» fortement quantifiée. De la région-bassin fluvial, la géographie française se tourne, à la fin du XIXe siècle, vers la région
naturelle, multivariée et synthétique. Durant le XXe siècle, les travaux de Vidal de la Blache et de Blanchard, entre autres,
agrégèrent les dimensions humaines, ce qui donne un caractère
encore plus global au concept de région. Voilà pourquoi il est
possible d'affirmer que «la géographie régionale est l'étude synthétique
d'une portion de l'espace terrestre» (Brunet, 1967).

Plus récemment, nous avons pu assister à la prise en charge du
concept de région par les économistes. Citons parmi eux, Perroux,
Boudeville et Ponsart, préoccupés principalement par les recherches théoriques sur les pôles de croissance ou de développement.
Isard, aux États-Unis, a créé la «science régionale», cela également
dans le cadre d'une perspective de planification économique des
espaces régionaux.

Stimulés et appuyés par ce nouveau cadre conceptuel et
méthodologique, les géographes ont révisé récemment leurs définitions sur la région. Partant du principe que la région existe en tant

qu'expression concrète des discontinuités spatiales, on la conçoit maintenant comme une structure qui reflète l'état d'un système. Il ne s'agit pas d'une synthèse totale mais d'une matrice réunissant et reliant sélectivement une série d'éléments spatiaux et leurs attributs (figure 14).

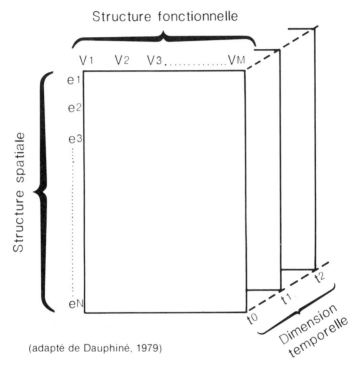

(adapté de Dauphiné, 1979)

Fig. 14 La région en tant que système ouvert

Si, effectivement, une région se définit par la conjonction de diverses caractéristiques, on peut l'appeler «**région polythétique**». Quand, en revanche, elle résulte de la prédominance d'un seul trait ou attribut (un type de production, un paramètre climatique, une forme d'utilisation du sol), on peut lui donner le nom de «**région monothétique**».

Dans le cas de régions à caractéristiques multiples, Whittlesey (1954) propose d'établir un second type de différenciation entre les régions homogènes et les régions polarisées.

La **région homogène** est la répartition de la même structure élémentaire, du même schéma à un nombre plus ou moins élevé dans une portion d'espace continue. C'est le cas du quartier rural avec le même sol, les mêmes exploitations, les mêmes équipements et les mêmes cultures. Dans un autre ordre d'échelle, les Antilles forment un espace homogène caractérisé par une insularité générale, des densités élevées, un fort pourcentage d'actifs dans le secteur primaire, des liens étroits avec leurs anciennes ou actuelles métropoles, des relations mal connectées entre les îles. En d'autres mots, un espace homogène se caractérise par un minimum de dispersion entre les éléments constituants.

Pour sa part, la **région polarisée** est souvent associée à la ville. La région polarisée est constituée par la zone de rayonnement d'une ville que l'on appelle «métropole régionale» laquelle peut mesurer quelques dizaines de milliers de kilomètres carrés. Selon Dauphiné (1979), quelques concepts clefs sont nécessaires pour élaborer une théorie de la polarisation spatiale. Premièrement, les concepts de hiérarchie et d'interdépendance spatiale vont permettre le dessin d'un réseau régional. Dans un tel réseau, les pôles et leur connectivité seront les éléments fondamentaux tels qu'indiqués dans les pages antérieures. Ensuite, il faut prendre en compte le concept de champ spatial, c'est-à-dire un espace dans lequel à chaque point correspond un vecteur dont la valeur est fonction de sa position.

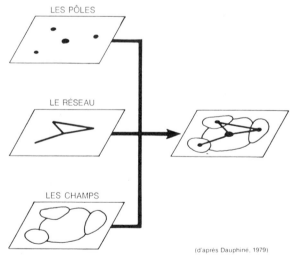

LES PÔLES

LE RÉSEAU

LES CHAMPS

(d'après Dauphiné, 1979)

Fig. 15 Le concept de région polarisée

De cette manière, une région géographique se définit par les pôles structurant un réseau et autour desquels gravitent les champs spatiaux (figure 15).

Le problème scientifique de la reconnaissance et de la délimitation des régions a été parfois obscurci et embrouillé par les querelles du régionalisme. Le **régionalisme** est une idéologie politique dont l'objectif est la promotion de l'autonomie régionale et c'est aussi une réaction contre le pouvoir centralisateur. En général, l'idéologie régionaliste prend appui sur les groupes ethniques les plus cohérents.

De son côté, la **régionalisation** consiste à la fois en un processus d'action et en un processus d'analyse. C'est un processus d'action dans la mesure où l'on répartit entre les régions les différents secteurs de la vie économique. C'est un processus d'analyse dans la mesure où il y a identification des régions et de leur emboîtement dans des espaces plus grands.

Dans sa première acception, la régionalisation apparaît comme le dessin d'unités d'aménagement selon quatre volets. Premièrement, il s'agit d'opérer la promotion de ces capitales régionales que l'on appelle les métropoles. Ce sont de grandes villes destinées à recevoir des investissements d'équipement pour contrebalancer l'influence attractive de la capitale politique ou économique. Deuxièmement, il s'agit d'épanouir les fonctions tertiaires de la métropole régionale. Dans sa région, la ville est distributrice de travail, d'approvisionnements et de capitaux, collectrice de productions à commercialiser, fournisseuse de services de haute qualité. Troisièmement, la régionalisation, c'est aussi la promotion de l'autorité de la capitale régionale en termes d'hôpitaux spécialisés, d'universités, de hautes administrations publiques, de spectacles de qualité, de palais des congrès, de musées, de Bourse... Enfin, quatrièmement, la régionalisation est aussi un problème de gabarit et de tracé des régions (mesure des attractions urbaines, manifestations de concurrence, cartes des zones d'influence...).

Il y a un principe essentiel à ne pas perdre de vue : il serait ridicule de diriger le processus de la régionalisation vers une uniformisation intolérable et cela pour six raisons. D'abord, une première raison militant en faveur de la diversité régionale consiste dans le binôme population/surface et surtout dans le rapport distance/espace. Ensuite, il y a une question de contingence historique : il arrive ainsi que les habitants d'une localité préfèrent utiliser les services d'une capitale régionale lointaine que ceux de son homologue voisine. Troisièmement, la régionalisation est normalement le fruit d'une évolution progressive; il y a trop de risques d'échec à vouloir tout accomplir d'un seul coup. Quatrièmement, la régionalisation engendre le problème de la réforme des subdivisions administratives de l'État. Actuellement, en effet, beaucoup d'États sont les victimes des conséquences du Principe de Gottmann ou loi de l'obsolescence politico-territoriale. Cette loi postule que les limites juridiques traditionnelles sont devenues périmées à cause du changement d'échelle, du changement social, de l'irruption des communications de masse et de l'avènement des concentrations urbaines. Enfin, cinquièmement, du village à la métropole en passant par le gros bourg et la ville-satellite, plus on monte, plus les services tertiaires se perfectionnent en nombre et en qualité. Finalement, la régionalisation est le préambule indispensable à la réorganisation des activités de production.

La régionalisation aboutit à l'emboîtement d'unités territoriales subalternes au sein de cadres géographiques progressivement étendus. Dans les pays développés, héritiers d'une structure déjà ramifiée, la tâche principale est de constituer les relais décisionnels de la vie économique et sociale. Dans les pays du Tiers-Monde, il s'agit d'accorder l'attention la plus scrupuleuse au village et de le faire grossir pour qu'il devienne un relais régional.

La régionalisation apparaît donc comme un processus autour duquel se structurent et se coordonnent les différentes forces intervenant dans la vie économique et sociale avant le niveau national. Pour des besoins de planification plus efficace, diviser arbitrairement un territoire national en circonscriptions est une forme de régionalisation. Il s'agira d'une bonne régionalisation si l'on rassemble autour d'une ville-centre et d'un noyau d'action une certaine étendue d'espace disposant de caractéristiques variables mais complémentaires. Tracer les limites régionales en vertu de ce principe constitue une technique valable (Beaujeu-Garnier, 1971).

La région se manifeste donc comme un cadre universel et le degré d'avancement de la régionalisation traduit assez exactement celui du développement économique et social. Souvent, malheureusement, l'énorme pouvoir attractif de la capitale fausse le jeu normal de l'intégration régionale. Spontanée et progressive dans la vieille Europe, spontanée aussi, mais par d'autres cheminements, dans les pays neufs, la régionalisation ne voit pas s'amorcer ses processus lorsqu'entre villes et campagnes les rapports ne sont pas des libres rapports de complémentarité, lorsqu'une coupure vient fausser le jeu normal de la vie de relations. L'intervention nécessaire pour enrayer cette coupure s'appelle l'aménagement volontaire du territoire (Claval et Juillard, 1967).

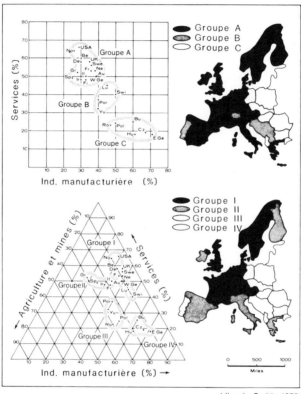

(d'après Smith, 1975)

**Fig. 16 Deux classifications des pays européens basées
sur l'origine sectorielle du PIB**
(Source : United Nations Year Book, 1965)

Quand la régionalisation se conçoit davantage comme un **processus d'analyse** des structures spatiales, notre orientation se tourne vers ce que certains dénomment les «classifications spatiales», c'est-à-dire vers une démarche taxonomique appliquée à la détermination des systèmes régionaux (Chevailler, 1974).

47

Pour l'instant, référons-nous au processus spécifique de la classification. Il est intéressant d'insister tout d'abord sur le fait que la régionalisation est un processus semblable à celui de la classification, spécialement quand on travaille au moyen d'un processus d'agrégation ou de regroupement d'éléments ou d'unités spatiales [2]. À ce sujet, Grigg (1965 et 1967) a formulé quelques principes de classification dont nous extrayons les suivants : «Les classifications doivent être effectuées dans un but précis; elles servent rarement deux contextes de façon satisfaisante... Des objets qui diffèrent en nature ne seront pas facilement insérés dans la même classification... La classification d'un ensemble doit être basée sur des propriétés qui sont des propriétés de ces éléments... Les propriétés qui sont utilisées pour diviser ou pour regrouper dans les catégories les plus hautes doivent être plus importantes que celles utilisées dans les catégories les plus basses...»

Quelques formes simples de classification spatiale s'appuient sur un nombre restreint de variables comme c'est le cas, par exemple, pour deux classifications macrorégionales des pays européens (figure 16).

De leur côté, Peña et Romero (1976), se fondant sur les travaux de Nakamura (1975), ont mis au point une classification spatiale des variables climatiques les plus importantes enregistrées dans l'océan Pacifique Sud oriental. Le système régional ainsi dessiné inclut des sous-systèmes ou unités et entités plus petites, dûment hiérarchisées, interconnectées et fonctionnellement organisées (figure 17).

Le problème est beaucoup plus complexe quand il s'agit de régionaliser un grand nombre d'unités spatiales, toutes dotées d'un grand nombre d'attributs ou de caractères. Dans ce cas, la procédure passe par la réduction du nombre de données, la mesure de la ressemblance existante entre certaines de ces données et, finalement, le regroupement des unités spatiales (Chevailler, 1974). D'un point de vue technique, ce processus repose sur l'usage de l'analyse factorielle (en composantes principales). Bien que son adoption par les géographes remonte seulement au début des années soixante, beaucoup de recherches et de publications mon-

---

[2] L'autre procédure de classification est la subdivision logique dont l'une des modalités est la subdivision dichotomique. On peut s'en servir pour des buts de régionalisation bien que moins facilement et moins fréquemment que le premier processus.

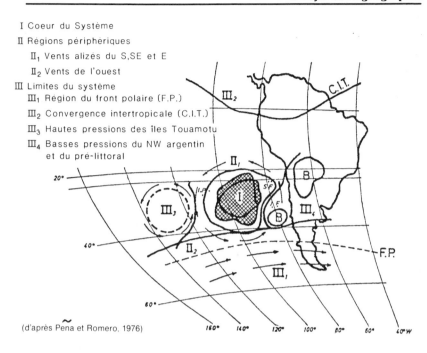

I Coeur du Système

II Régions périphériques

  II₁ Vents alizés du S,SE et E

  II₂ Vents de l'ouest

III Limites du système

  III₁ Région du front polaire (F.P.)

  III₂ Convergence intertropicale (C.I.T.)

  III₃ Hautes pressions des îles Touamotu

  III₄ Basses pressions du NW argentin
     et du pré-littoral

(d'après Peña et Romero, 1976)

Fig. 17 Le système climatique du Pacifique Sud oriental

trent déjà le profit que la géographie peut tirer de ce type d'analyse multivariée.

Ainsi, par exemple, Pedersen (1975) emploie la technique de l'analyse factorielle sur une matrice de données statistiques (19 variables représentatives de la situation socio-économique prévalant dans les années cinquante et soixante) pour 74 zones distribuées à travers toute l'Amérique du Sud. La typologie régionale qui en résulte prend en considération trois dimensions orthogonales principales, soit l'urbanisation, la structure démographique et la dépendance fondée sur l'exportation (figure 18).

Dans sa «Geography of Social Well-Being in the United States», Smith (1973) utilise l'analyse factorielle afin de réduire systématiquement l'information initiale (composée de 47 variables compilées ou calculées pour chaque État des États-Unis) à deux composantes seulement. Le premier de ces composants, le «bien-être socio-économique général», explique 38,56 % de la variable originale,

Dimension I: Urbanisation	Dimension II: Dépendance	Dimension III: Structure démographique	
Régions urbaines	Économie diversifiée (région «core»)	Population active	
		Population dépendante	
	Économie dépendante (région de ressources minérales)	Population active	
		Population dépendante	
Régions rurales	Économie diversifiée (région déprimée)	Population active	
		Population dépendante	
	Économie déprimée (région d'implantation agricole)	Population active	
		Population dépendante	

(d'après Pedersen, 1975)

Fig. 18 Typologie régionale en Amérique du Sud

tandis que le second, dénommé «pathologie sociale» explique 13,74 % de la même variable. En d'autres termes, plus de la moitié de la variance des données initiales s'explique par les deux composants principaux ci-dessus mentionnés, ce qui permet une compression efficace de l'information de base.

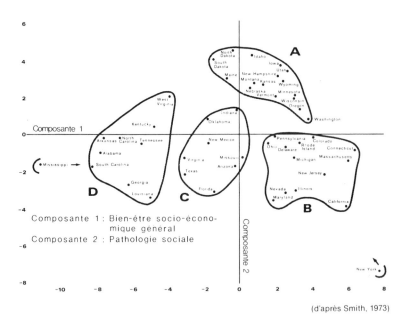

(d'après Smith, 1973)

Fig. 19 Classification des États (É.-U.) en fonction des valeurs des composantes principales du bien-être social

Une fois effectuée cette réduction, il est davantage facile d'établir les similitudes existantes entre les États des points de vue du «bien-être socio-économique général» et de la «pathologie sociale» (figure 19). Dans une étape ultérieure, les États se regroupent selon les indices de similitude préalablement déterminés (figure 20).

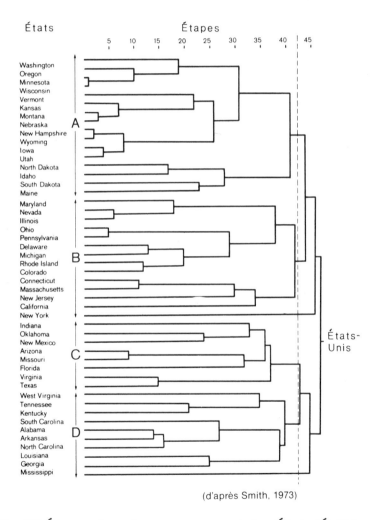

(d'après Smith, 1973)

Fig. 20 Étapes dans le regroupement des États (É.-U.) selon les valeurs des composantes principales du bien-être social

51

Finalement, les quatre grands groupes d'États se retrouveront à l'intérieur d'une division régionale des États-Unis appuyée sur une trame empirique plus riche et plus complète que celles basées sur des critères de régionalisation purement physiques ou économiques (figure 21).

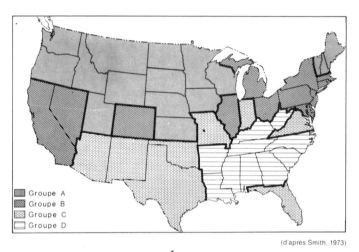

(d'après Smith, 1973)

Fig. 21 Division régionale des États-Unis basée sur les indices du bien-être social

Quoiqu'on n'applique aucun critère de contiguïté dans le regroupement d'États, on relève clairement l'existence d'espaces continus et homogènes du point de vue des valeurs du bien-être social. Il est possible de reconnaître la concentration géographique des indices les plus bas du bien-être social au sud-est des États-Unis. En revanche, les indices les plus hauts se situent au nord, d'une côte à l'autre, bien qu'on rencontre une vaste zone de transition dans une position intermédiaire. Comme l'affirme le même Smith (1975), la division du pays dans ces trois régions principales paraît répondre adéquatement à l'essence des variations inter-étatiques du bien-être social aux États-Unis.

Deuxième partie

La méthode de la géographie

Chapitre 1

Notions préliminaires

Chaque époque a sa géographie et c'est bien ce dont les géographes doivent prendre conscience pour rester en contact avec la réalité et, de ce fait, conserver ou acquérir une raison d'être, c'est-à-dire leur insertion dans le mouvement. La croissance et le développement de la géographie au XXe siècle démontrent une continuité et une évolution mais cette croissance a été le fruit de différentes pressions. Le géographe moderne est donc inévitablement une succession de points de vue et de manières de traiter les phénomènes.

L'un des points de vue les plus classiques dans la géographie française fut le possibilisme et son porte-parole le plus autorisé fut Vidal de la Blache. Le possibilisme vidalien ne prit jamais la forme d'un système philosophique mais plutôt d'une méthode partant du réel, du concret et refusant toute théorie a priori. Décrire, définir, expliquer, telle était la règle vidalienne.

Pour Max Sorre, la géographie était la science des paysages. L'espace est rempli de faits (reliefs, eaux, formations végétales, hommes, maisons, champs, chemins...). L'ensemble d'un espace ainsi rempli, c'est le paysage. Voilà pourquoi les géographes de cette époque virent dans la paysage le critère le plus certain de cette science. Est géographique ce qui se marque dans le paysage. On alla même jusqu'à affirmer que les paysages sont à la géographie ce que les nombres sont à l'arithmétique. De son côté, Le Lannou, précédé par Demangeon, définissait la géographie comme la science de l'homme-habitant. Puis Cholley vint à l'appréhender comme la description de la terre, comme un ordre de connaissance ayant son domaine propre, en un mot, une science-domaine (Buttimer, 1971; Meynier, 1969).

Les écoles allemande et américaine se préoccupèrent encore davantage de la nature de la géographie. Hartshorne reprenant Hettner, fait de la géographie la science de la différenciation régionale de l'écorce terrestre, c'est-à-dire une science-point de vue, une science-méthode. Comme Claval le souligne avec pertinence, si la géographie n'est qu'un point de vue, la diversité des matières dont elle traite ne nuit pas à son unité. Unité et diversité se trouveraient ainsi conciliées en géographie. Hartshorne fit ressortir également un problème qui empoisonne toujours la géographie : est-elle une science idéographique, c'est-à-dire qui décrit l'unique, ou est-elle une science nomothétique, c'est-à-dire qui établit des lois? Et il soulève cette grande question : la géographie n'est-elle pas plutôt une discipline (c'est-à-dire une certaine manière d'aborder l'étude du réel) qu'une science limitée à un domaine étroit?

L'optique culturelle de Sauer allait encore donner une autre dimension à la géographie. Celle-ci devenait l'étude de la succession des combinaisons qui ont fait défiler dans un même milieu des civilisations très diverses. C'est donc une vision rétrospective. En ce sens, la géographie comme vision culturelle est une approche montrant l'importance de la technique dans la civilisation et son influence sur la vie et la pensée contemporaines. Elle devient presque une philosophie du monde de l'homme (Wagner et Mikesell, 1962).

Comme on le voit, il s'agit d'une série de paradigmes qui ont tracé le chemin de la géographie dans le sens annoncé par Kuhn (1962) lorsqu'il se référait à la structure des révolutions scientifiques. C'est ainsi qu'aujourd'hui nous vivons une époque de grand progrès géographique dans laquelle de nouveaux concepts, de nouvelles perceptions, de nouvelles observations et hypothèses ont été formulés alors qu'apparaissaient la programmation informatique et la télédétection par satellites. Les aptitudes particulières de la géographie sont celles reliées à la signification de la localisation et des relations spatiales des événements et des choses. Un géographe est donc une personne qui se pose des questions sur la signification d'éléments spatiaux comme la localisation, la distance, la direction, l'extension et la succession. Il touche à des problèmes d'accessibilité, de diffusion, de densité et de position territoriales.

Il est clair que la géographie apporte une contribution potentielle au progrès de la science et de la société. D'une part, le progrès scientifique et le progrès social sont assez étroitement liés. D'autre part, la connaissance de la société humaine dans son environnement naturel est l'un des quelques grands problèmes principaux de l'humanité contemporaine. Or, les relations société-environnement sont devenues plus touffues et plus complexes et l'on en est arrivé à une étape de crise face au choc du futur. Cette science de contact entre l'homme et son milieu joue donc un rôle de plus en plus immédiat dans une société préoccupée par la qualité de la vie sous toutes ses facettes.

Lorsque l'on examine les éléments qui sous-tendent cette problématique générale, il devient évident que la géographie est confrontée prioritairement à la question de l'espace dans le temps. La géographie cherche à expliquer comment les sous-systèmes du monde physique sont organisés à la surface du globe et comment l'homme se distribue lui-même sur la terre dans sa relation spatiale avec les cadres physiques et avec les autres hommes. L'espace et les relations spatiales forment l'un des grands canaux d'expression des caractéristiques de tout système évoluant à la surface du globe. À cause de ce domaine d'étude et parce qu'elle est traditionnellement concernée par les systèmes interreliés dans l'espace, la géographie dispose d'une position significative dans l'avancement scientifique.

Si la science est la quête de la régularité sous-jacente aux divers événements, la géographie entre carrément dans cette optique. En effet, la géographie procède à travers des observations et des descriptions soignées et vérifiables, à travers la construction d'hypothèses de façon à projeter la réalité dans l'inconnu. Ces hypothèses sont testées par la conduite d'expériences ou d'observations ultérieures. Cela mène à la construction d'un corps de théorie à partir des hypothèses vérifiées qui, à leur tour, forment la base pour de nouvelles hypothèses, de nouvelles observations et de nouvelles expériences (Ackerman, 1963). Un principe doit rester présent : l'esprit scientifique a besoin d'être structuré par la pensée et l'expérience avant d'atteindre le stade de création. Dès lors, penser géographiquement, structurer son esprit en termes de distributions et de corrélations spatiales est l'objectif le plus important pour celui qui veut faire de la géographie.

Chapitre 2

Étapes et instruments de la recherche géographique

Nous venons d'essayer de démontrer le caractère scientifique de la géographie, discipline à l'objet particulier mais semblable à toutes les autres sciences par la rigueur de sa méthode d'investigation. En tant que science, la géographie traduit un style de pensée et d'action (M. Bunge, 1969) nous permettant d'ordonner rationnellement l'expérience et, à travers elle, les événements du monde réel.

La mise en ordre de l'expérience peut s'insérer dans un schéma simple dénommé «plan-P et champ-C» (Abler, Adams et Gould, 1971). En synthèse, le schéma (figure 22) montre comment les événements traversant la frontière sensorielle (plan-P) et arrivant à faire partie de notre expérience débouchent sur un processus d'abstraction croissante et de généralisation du champ-C portant à la création d'idées et de concepts. La grande tâche de la science consiste, justement, en la construction de structures à l'intérieur du champ-C.

Le passage du monde empirique au monde idéo-conceptuel coïncide avec le passage du spécifique et de l'unique à l'abstrait et au général. Pour la géographie, en tant que science factuelle, cela exige qu'elle s'appuie sur les sciences formelles. Comme on le sait, les sciences factuelles étudient les faits et les sciences formelles (logique et mathématique) étudient les idées. La science formelle est auto-suffisante dans la mesure où elle se réfère à un contenu et à une méthode de preuve tandis que la science factuelle dépend du fait pour son contenu ou signification et de l'expérience pour sa validation (M. Bunge, 1969).

Évoluant dans la zone limitrophe entre les idées et les concepts, la géographie (à l'égal des autres sciences factuelles) incorpore dans ses explications des notions développées par les sciences formelles. Les structures mathématiques et logiques peuvent s'évaluer sans référence aux idées sur lesquelles elles s'appliquent. Du coup, cela augmente énormément notre capacité de manipulation de telles idées. Dès lors, les sciences formelles constituent les

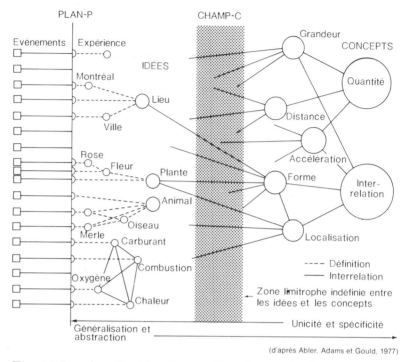

Fig. 22 Le plan-P et le champ-C ... du particulier au général

fondements essentiels de toutes les sciences factuelles et il n'est pas possible d'élaborer efficacement sur ces dernières sans recourir aux premières (Abler, Adams et Gould, 1971).

L'avancement vers l'abstraction et la généralisation coïncide avec les démarches de l'explication en géographie et avec les étapes de la méthode générale de la science. Selon M. Bunge, cette procédure s'applique au cycle entier de la recherche dans le cadre de chaque problème de connaissance.

Quel que soit le détail des étapes méthodologiques, le processus total commence par la formulation de problèmes à résoudre par la voie de l'investigation scientifique. Dans le système de la pensée scientifique, les questions sont plus importantes que les réponses. D'où l'intérêt à développer un «sens aigu des problèmes» comme partie essentielle de l'entraînement des scientifiques. Dans cette première phase délicate, la direction principale est balisée par les hypothèses, c'est-à-dire par les réponses potentielles aux questions ou problèmes qui ont été posés.

Ensuite, on enchaîne avec l'observation, la description, la définition et les mesures pour passer à la classification. Celle-ci constitue le premier pas du scientifique dans son chemin vers l'explication. C'est à ce niveau que se complète la méthodologie traditionnelle dont l'intérêt est surtout centré sur les cas uniques. Or, cela entraîne des limitations énormes en termes de prévision et d'application éventuelle des résultats de la recherche.

La méthode scientifique proprement dite continue avec l'analyse de données sélectionnées pour découvrir l'ordre dans les relations entre distributions spatiales et, principalement, avec la confrontation des hypothèses originales à des constatations fermes, soit pour les prouver, soit pour les réfuter. Les hypothèses confirmées acquièrent un caractère légaliforme ou, parfois, le statut de lois scientifiques. Elles peuvent même devenir des bases solides pour des recherches ultérieures.

En réalité, il est discutable de parler de lois scientifiques, spécialement dans le cas de la géographie. Beaucoup plus que d'affirmations déterministes, il s'agit ici d'approximations statistiques de très haute probabilité. De telles approximations ou «lois» constituent le corps de théories et/ou de modèles nous permettant d'atteindre les objectifs d'explication, de prévision et d'application inhérentes à toutes les sciences factuelles. En ce sens, nous pouvons définir la géographie comme une science concernée par le développement rationnel et la vérification de théories explicatives et prévisibles de la distribution spatiale ainsi que par la localisation de diverses caractéristiques à la surface de la terre (Yeates, 1974).

En résumé, l'emploi de la méthode scientifique en géographie oblige, principalement, à l'identification précise des problèmes à aborder, à la formulation et à la vérification strictes des hypothèses et, enfin, à la production de lois, de théories et de modèles expliquant adéquatement la réalité spatiale et permettant des prédictions et des applications sur cette dernière.

La procédure que nous venons de décrire n'épuise pas toutes les possibilités méthodologiques s'offrant au chercheur-géographe. Pour être exacts, nous avons présenté dans les paragraphes antérieurs seulement un schéma méthodologique de type empiricoinductif, de tradition ancienne en géographie et avec des résultats que nous pourrions qualifier de positifs.

Conjointement à ce schéma, bien que d'usage plus tardif et plus limité, on rencontre la stratégie de recherche théorico-déductive fondée nécessairement sur un appareil théorique que la **praxis** teste et valide **a posteriori**. La procédure de validation ou de vérification regroupe les constructions intellectuelles, les structure de façon rigoureuse et les met en rapport (probatoire) avec les propositions contingentes induites de l'expérience et de l'observation des faits concrets appartenant au «monde réel».

Cette approche se trouve à l'origine d'une classification génétique des climats chiliens que nous avons proposée il y a déjà quelque temps (Peña, 1982). Le modèle élaboré (figure 23) fait état de l'essentiel de la démarche méthodologique de type théorico-déductif choisie en vue de ladite classification, mais il peut être généralisé avec quelques petites retouches afin de le rendre utilisable pour toute autre recherche géographique du même genre.

Malgré son emploi plutôt exceptionnel, la stratégie théorico-déductive a fourni des résultats intéressants pour l'activité scientifique des géographes. L'application, par exemple, de la théorie des lieux centraux confirme cette perception. On met en relation des données et des axiomes concernant le comportement économique des consommateurs et des producteurs, les tailles et les catégories des produits et des structures du marché, la composition socio-économique et la répartition de la population, ainsi que quelques conditions de l'environnement physique. Tout ce bagage permet d'arriver par déduction à l'établissement du nombre et de la grandeur des «lieux centraux», éléments fondamentaux d'une trame permettant la délimitation d'un espace à composantes principalement socio-économiques.

Malgré l'intérêt méthodologique de cette approche, notre étude met surtout l'accent sur la stratégie empirico-déductive pour laquelle il existe une plus grande facilité d'usage, notamment de la part de géographes plus jeunes s'initiant à la pratique de la recherche scientifique.

Quelle que soit la stratégie de recherche choisie, elle doit se soumettre dès le début à un contrôle rigoureux. Grâce à lui, le chercheur-géographe dirige les événements (et leurs oeuvres) dans la direction de son objectif fondamental, c'est-à-dire vers la solution du problème qui le préoccupe.

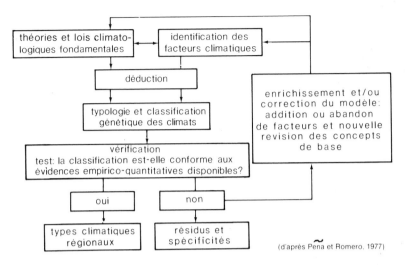

(d'après Peña et Romero, 1977)

Fig. 23 Modèle opérationnel (de type théorico-déductif) pour une classification génétique des climats

Tout cela se réalise à travers une rigoureuse planification de la recherche envisagée, de façon à imaginer toutes les situations pouvant se présenter à chaque étape de la recherche, afin de prévoir et de préparer d'avance toutes les décisions à prendre. Tel est le but d'un plan détaillé de recherche à l'élaboration duquel les étudiants en géographie sont en général si réticents aujourd'hui [3].

Avant d'entrer dans une explication détaillée de chacune des principales étapes et de chacun des outils de la recherche scientifique en géographie, il convient de les présenter ensemble à l'intérieur d'un diagramme de flux (figure 24).

Ce diagramme résume quelques-unes des visions les plus classiques relatives au cheminement d'un projet de recherche empirique en géographie ou dans d'autres sciences factuelles. Dans ce

[3] Cependant, les récents propos de E.W. Manning (1983), de la Direction générale des terres du gouvernement fédéral du Canada sont on ne peut plus clairs à ce sujet : «La plupart des directeurs de recherche (des organismes gouvernementaux ou privés) ont besoin de candidats à qui ils peuvent confier un projet largement défini. Ils attendent du chercheur (géographe) qu'il soit capable de définir le projet..., d'établir des objectifs et des hypothèses réalistes, de concevoir un projet réalisable, de déterminer les méthodes de recherche et les variables importantes, et finalement d'exécuter le projet jusqu'à l'obtention des résultats sous forme écrite ou orale, soit la réalisation des objectifs».

63

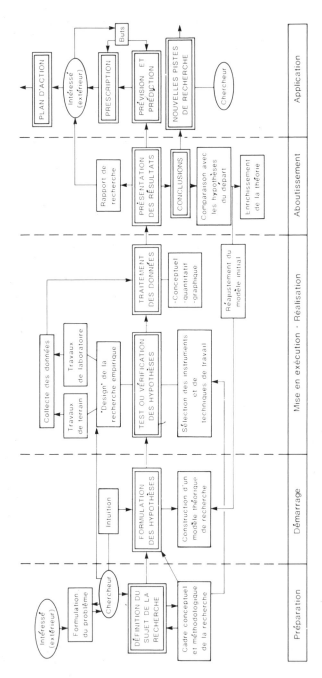

Fig. 24 Cheminement critique d'un projet de recherche en géographie

diagramme ont été mises en relief quelques étapes nécessitant une attention soutenue de la part du chercheur : par exemple, la définition du thème de recherche ou l'analyse des résultats en vue d'un plan d'action ultérieur. Ces étapes, au début et à la fin de la recherche proprement dite, requièrent autant d'attention que les autres qui constituent le «corps» de travail du chercheur (telles la formulation d'hypothèses et le traitement des données empiriques).

A. Définition du sujet de recherche

Au risque de nous répéter, il nous faut affirmer avec force qu'une des conditions essentielles pour le succès d'une recherche scientifique réside dans le caractère géographique ou spatial du thème choisi. Ceci dit, énumérons immédiatement les éléments distincts du processus de formulation d'un sujet de recherche en géographie. Comme on le voit dans la figure 25, un tel processus commence par la sélection du problème à étudier, problème dont le type déterminera le choix de l'orientation principale de la recherche à entreprendre. Une fois passées ces étapes, vient la préparation du cadre conceptuel et méthodologique de la recherche, sur une base de recension des écrits et d'analyse d'autres expériences de recherche similaires. De là dérive la spécification du sujet de recherche, étape qui nous ouvrira la route vers la formulation des hypothèses et le travail empirique proprement dit.

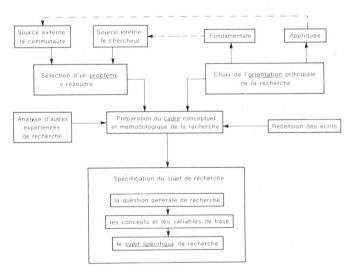

Fig. 25 Définition du sujet de recherche

1. Sélection du problème et choix de l'orientation principale de la recherche

Dans le premier cas, le chercheur a découvert, par ses lectures ou par ses travaux antérieurs, qu'il existe un vide dans un certain secteur de la connaissance et il décide de le combler. Parmi les étudiants de premier cycle en géographie, il est sans doute difficile de percevoir l'existence de tels vides et, par conséquent, la sélection d'un problème de recherche peut devenir une tâche plutôt ardue. Toutefois, une analyse attentive et systématique des publications disponibles en géographie ainsi que les suggestions de leurs professeurs leur permettront de voir vers où porter leur attention pour définir de nouveaux thèmes de recherche. De toute manière, cette première étape requiert le développement de ce que d'aucuns appellent le «sens du problème», c'est-à-dire cette capacité intellectuelle permettant de reconnaître et de délimiter des problèmes originaux et intéressants (tant pour le chercheur que pour la science et la société) et, en même temps, abordables avec les moyens de recherche disponibles.

Dans le second cas, le problème se pose à partir d'une source «externe» au chercheur lui-même. D'une façon de plus en plus fréquente et urgente, la société a besoin des scientifiques pour la résolution de divers problèmes. Dans le cas des géographes, cette demande d'aide peut avoir trait à des problèmes aussi variés que la pollution, l'implantation de nouvelles industries, l'aménagement d'un espace urbain ou rural quelconque, la mise en place d'un parc de récréation ou l'impact environnemental pouvant être provoqué par la construction d'un barrage hydro-électrique. Dans les pays où la géographie a précisé son statut professionnel, ces problèmes sont placés normalement entre les mains de géographes afin d'apporter des solutions satisfaisantes dans la perspective d'une meilleure utilisation et occupation de l'espace.

Les différences existantes entre ces deux types de problèmes se reflètent également dans les divers types de recherche que l'on peut faire à leur propos. De façon schématique, on peut affirmer que si le point d'origine d'un problème se situe à l'intérieur de la science même, la recherche à effectuer sera de type fondamental ou basique. Si, en revanche, le problème est posé de l'extérieur, la recherche s'orientera vers une application directe de ses résultats. Ce sera alors une recherche appliquée ou applicable.

Dans le paragraphe précédent se trouve résumé un ample débat concernant non seulement les géographes mais aussi beaucoup de scientifiques des temps modernes. C'est tout le débat relatif aux objectifs et même à l'utilité de la science. On reviendra sur ce thème dans la toute dernière partie de ce livre. Dès maintenant, on peut toutefois affirmer qu'il s'agit d'un débat inutile et dépassé dans la mesure où tous les résultats d'une bonne recherche sont susceptibles d'application à court ou à moyen terme. En effet, la généralisation des conclusions de toute recherche scientifique bien menée se traduit par l'enrichissement de la théorie et l'augmentation des possibilités de prévision et de prédiction offertes par la science. Dans ces conditions, le chemin est ouvert pour toutes les applications pertinentes qu'on voudra faire de ces résultats soit pour résoudre des problèmes déjà posés au départ, soit pour faire avancer encore plus la science elle-même.

2. Préparation du cadre conceptuel et méthodologique de la recherche

Comme il n'y a pas de recherche scientifique sérieuse qui puisse se faire grâce à la seule illumination surnaturelle, il faut se décider, dès le départ, à utiliser tout le bagage conceptuel et méthodologique existant. Cela permet de mieux préciser le thème de recherche et de mieux bâtir un plan de travail adapté à l'accomplissement des objectifs.

C'est à ce stade que s'impose une **recension des écrits** tant de la part des chercheurs expérimentés que de la part des étudiants de toute discipline. La recension des écrits, c'est une révision systématique et complète de la littérature disponible sur tous les aspects conceptuels et méthodologiques d'une recherche qu'on prépare. La recension des écrits permet au chercheur d'élargir son champ de connaissances et de mieux cerner les éléments constituant le problème (Ouellet, 1981).

Nous n'insisterons jamais assez sur les bienfaits de la lecture exhaustive et critique des travaux scientifiques publiés sous la forme de livres ou d'articles de revues spécialisées. La géographie moderne offre par chance un grand nombre de travaux de ce type comme le montre la quantité croissante de revues géographiques rencontrées dans les différentes bibliothèques universitaires. Malheureusement, à côté de cette constatation positive, il en est une négative : durant les études universitaires de premier cycle, on lit peu et on lit mal.

Pour aider à remédier à cette difficulté, quelques suggestions sont nécessaires quant à la pratique de la lecture des revues et livres géographiques. Pour ce faire, nous nous basons sur notre propre expérience des «cliniques documentaires» par lesquelles on commence un programme universitaire de géographie au tout début d'une année scolaire.

La première chose qu'un étudiant débutant en géographie doit savoir, c'est qu'une bibliothèque universitaire contient généralement deux collections distinctes et séparées : d'une part les cartes et atlas dans une cartothèque, d'autre part des livres et revues dans la bibliothèque proprement dite.

Il est évident qu'une cartothèque utilise un support documentaire différent de celui de la monographie ou du périodique. Au lieu de présenter l'information sous une forme traditionnelle, l'on a recours à la représentation graphique (cartes ou plans) et visuelles (photographies aériennes et images satellites).

Tout l'ensemble des cartes est sous-divisé en deux grandes familles : les cartes thématiques et les cartes en série. La carte thématique correspond à un seul sujet dont la couverture s'étendra, dans certains cas, sur plusieurs feuilles ou coupures de la même carte de base. Par contre, les cartes des grandes séries nationales ne représentent que quelques grands sujets dans leurs nombreuses variétés régionales ou locales. Ainsi, la carte topographique du Canada est disponible en centaines de feuilles différentes et à plusieurs échelles.

En plus des cartes, des photographies aériennes et des atlas, une cartothèque possède certaines séries de rapports scientifiques tels les rapports géologiques et pédologiques ou les schémas d'aménagement régional et d'urbanisme. D'ailleurs ces rapports font habituellement usage de la cartographie ou d'autres formes de représentation spatiale.

Bien qu'il s'agisse d'une documentation extrêmement diversifiée, la cartothèque fonctionne, comme le reste de la bibliothèque, selon des normes rigoureuses de classification et recourt à des moyens plus ou moins sophistiqués de localisation des documents. En général, toute la documentation cartographique est classifiée selon le système nord-américain Boggs et Lewis fondé sur l'addition de quatre données figurant dans les cotes respectives. Les quatre données identifient la région (en chiffre, 615.20 pour le Saguenay-Lac-Saint-Jean), le sujet (en lettres, gbab pour l'écologie), l'année de publication (82 pour 1982) et l'éditeur (Q pour le gouvernement du Québec). De leur côté, les atlas et les rapports scientifiques sont classés selon le système de la Bibliothèque du Congrès des États-Unis. Par ailleurs, les photos aériennes sont identifiées par des cotes où apparaissent les symboles ou numéros de l'organisme éditeur du matériel, l'année de la photographie, la ligne de vol et la position relative de la photo à l'intérieur de la ligne de vol.

Dans la bibliothèque proprement dite, les livres sont classifiés suivant le système de la Bibliothèque du Congrès des États-Unis. Ce dernier reconnaît l'existence d'une vingtaine de classes principales, chacune représentée par une lettre de l'alphabet. Une seconde lettre, ajoutée à la première, indique une sous-classe, tandis que les divisions mineures sont signalées par des nombres. De cette façon, la cote G1.890 permet de localiser les livres de géographie générale tandis que les livres de climatologie se rencontrent à la cote QC. Dans plusieurs cas, la cote inclura aussi une identification de l'auteur et de l'année d'édition du livre. Avec des adaptations nécessaires, le même système est utilisé pour les revues spécialisées.

Les moyens d'accès ou de repérage de la documentation sont fort variés, à commencer par le traditionnel catalogue sur fiches ou fichier. Comme on le sait, ce catalogue est divisé dans deux sections, soit celle des auteurs-titres-collections et celle des sujets ou vedettes-matières. Le même catalogue peut se retrouver soit sur des microfiches, soit sur des bobines microfilms (comme à la bibliothèque de l'Université de Calgary). L'une ou l'autre variante exige l'utilisation d'un lecteur de microfiches ou microfilms avec écran.

Plus récent est le système de catalogue informatisé qui, par l'intermédiaire d'un terminal, présente le même fichier d'information stocké au préalable sur un ordinateur central. C'est le système utilisé dans le réseau des bibliothèques des universités du Québec.

L'avantage de ce système réside dans son accès instantané à toute documentation sur un sujet donné (ce qui remplace la recherche des différentes vedettes-matières dans les tiroirs à fiches). À part sa versatilité, il offre la possibilité de faire imprimer à grande vitesse de longues listes de références bibliographiques. En même temps, ce système permet la standardisation et la mise sur pied d'un fichier collectif appartenant à un réseau de bibliothèques universitaires, ce qui a pour conséquence de multiplier par 2, 5 ou 10 le fichier original.

Le repérage des sources documentaires peut aussi se faire grâce aux instruments bibliographiques généralement regroupés dans le secteur des ouvrages de référence. Il s'agit des Bibliographies Index et Résumés analytiques (**Abstracts**). Pour les étudiants de géographie, il est bon de savoir qu'il existe des instruments bibliographiques spécialisés comme la *Bibliographie Géographique Internationale* (publiée depuis 1891), les *Current Geographical Publications* (éditées depuis 1938), les *Geo Abstracts* (publiés depuis 1966), la *Annotated List of Geographical Serials* et la *International List of Geographical Serials*.

Une fois le document localisé (article de revue ou livre), il faut le lire. Cela paraît simple voire simpliste mais, porté sur le terrain scientifique, la lecture amène parfois certaines complications. Considérons quelques-unes des techniques élémentaires de lecture en profondeur, sans aller dans le détail d'une véritable «analyse de contenu»[4].

Pour les articles scientifiques, il convient de se guider sur la grille d'analyse proposée par Kariel et Kariel (1972). Selon ces auteurs, la lecture logique des articles scientifiques s'effectue selon les mêmes étapes que tout processus de recherche. On doit d'abord connaître l'objectif de l'étude, pour préciser ensuite de quelle manière elle a été menée, qu'est-ce qui a été fait, quelles ont été les trouvailles importantes et dans quelle mesure elles confirment les hypothèses. On prêtera une attention spéciale à la façon dont les résultats ont été représentés (sous forme littéraire ou symbolique, complétés éventuellement par des cartes, des diagrammes, des graphiques et des tableaux). Enfin, on examinera en détail la section habituellement réservée à la discussion des résultats et à l'évaluation de leur signification.

[4] L'analyse de contenu est une technique de recherche très utilisée dans les sciences sociales. Elle vise la description objective et systématique du contenu manifeste des communications écrites ou orales. Pour en savoir davantage, veuillez vous référer entre autres, aux travaux de Kelly (1984), Bardin (1977), Mucchielli (1974) et Ghiglione **et al.** (1980).

Même dans les cas où les articles n'ont pas suivi ce cheminement logique, le lecteur devra s'efforcer d'établir la distinction entre les conclusions de l'auteur sur les résultats de sa recherche et ses propres idées quant à la pertinence des résultats. Ainsi seulement, il se fera une opinion beaucoup plus précise sur le contenu et la valeur de l'étude.

La grille est composée de cinq grandes parties, soit la définition du problème, les techniques utilisées dans l'analyse des problèmes, les résultats majeurs, la conclusion et l'évaluation du lecteur. Dans la première, le lecteur doit discerner le sujet principal traité, sa connotation géographique et ses aspects particuliers; il doit, en plus, reconnaître les hypothèses et les délimitations temporelles et spatiales de la recherche. La deuxième partie permet d'identifier les sources et les techniques de cueillette de données, ainsi que le type des données d'analyse. Pour ce qui est des résultats, le lecteur doit pouvoir les mettre en évidence tout en établissant leurs liens avec les hypothèses de départ. Dans la conclusion, ces liens devraient être examinés à la lumière de la théorie sous-tendant ce genre de recherche, pour ensuite faire ressortir la signification possible des résultats et de leur rôle en vue de recherches ultérieures. Finalement, l'évaluation du lecteur vise à déterminer la valeur de la recherche analysée, à en formuler des critiques (si possible et si nécessaire) et à suggérer, le cas échéant, des méthodes de rechange dans le traitement de la problématique et/ou de la conclusion.

La lecture de livres et la préparation de leurs comptes rendus suivent d'autres règles, bien que l'objectif final soit le même. Dans une première étape, non obligatoire mais recommandable pour les étudiants de géographie, on peut faire quelque recherche sur l'auteur du livre. Compte tenu des différentes orientations et de l'évolution historique de la géographie, une étude préliminaire sur l'auteur choisi peut aider énormément à la compréhension de son oeuvre. L'étape suivante correspond à la lecture préparatoire en analysant l'avant-propos, la table des matières, la préface, l'intro- duction. Toutes ces sections peuvent contenir des indices précieux sur le contenu du livre : son orientation générale, la composition et l'agencement des matières, les objectifs poursuivis par l'auteur, les grandes lignes de l'ouvrage, la méthode utilisée et, parfois, même un résumé du livre.

La troisième étape, dite de la lecture compréhensive, peut se développer en deux temps principaux, soit la lecture globale du texte principal et la lecture plus circonstanciée des paragraphes choisis lors de la lecture globale. La lecture des paragraphes choisis permet de saisir les éléments les plus importants de la pensée de l'auteur et elle doit s'accompagner de l'élaboration de fiches documentaires. Ces fiches documentaires peuvent correspondre aux quatre types suivants : la fiche de citation, où l'on retranscrit une ou quelques phrases en les mettant entre guillemets; la fiche de résumé, où l'on reformule avec d'autres mots la position de l'auteur et ses arguments; la fiche de commentaire, où le lecteur donne ses propres réactions et ses jugements, et, enfin, la fiche d'idées, où sont mêlées des citations et des commentaires en rapport avec des idées (Lépine, 1984).

Les fiches précitées peuvent devenir un instrument de travail collectif si l'on se partage les lectures entre plusieurs étudiants, mais elles sont surtout très utiles en vue de la préparation du compte rendu du livre choisi. Plus encore, elles vont servir à la rédaction éventuelle du rapport de recherche, dans ces chapitres où il est nécessaire de recourir aux références bibliographiques pour appuyer les arguments du chercheur (introduction, cadre conceptuel et méthodologique de la recherche, conclusion).

L'analyse d'autres expériences de recherche joue le même rôle que la recension des écrits, c'est-à-dire fournir au chercheur des points de repère pour pouvoir structurer sa propre recherche. Une telle analyse se fera plus facilement si le chercheur a participé personnellement à d'autres expériences de recherche et connaît directement les problèmes présentés et les orientations prévues par rapport aux nouvelles recherches pouvant en découler.

L'une ou l'autre activité aideront le chercheur d'une façon décisive pour définir correctement le thème précis de la recherche, pour formuler adéquatement ses hypothèses de travail et pour sélectionner les meilleurs instruments et techniques de collecte de données. En d'autres mots, le cadre conceptuel et méthodologique de la recherche est essentiel pour tout ce qui concerne le contenu, les objectifs et les outils de la recherche à entreprendre, d'où l'importance de bien le préparer. Au plan pratique, il fera normalement partie du chapitre d'introduction du rapport final de recherche.

3. Spécification du sujet de recherche

Dans sa recherche d'un thème spécifique d'investigation, le

chercheur a pu, jusqu'à maintenant, établir une thématique générale à l'intérieur d'une des grandes orientations de la géographie. Nous pouvons supposer qu'il a choisi de travailler en géographie régionale et, plus exactement, sur le thème des inégalités régionales. Il a décidé, également, d'effectuer une recherche de type fondamentale destinée à réunir une information pouvant servir à enrichir, à nuancer et/ou à compléter les explications d'un tel phénomène.

Puisqu'il s'agit d'une démarche scientifique essentiellement explicative, les **questions générales** que le chercheur va se poser auront trait aux facteurs provoquant ou accentuant les inégalités régionales. Quelles en sont les causes? Quels facteurs expliquent les inégalités régionales? Pourquoi les inégalités régionales se produisent-elles? D'autres questions de ce genre... Quand le phénomène se produit-il?... Comment se produit-il?... sont aussi pertinentes dans la mesure où il s'agit aussi de questions relatives aux modalités de déclenchement du phénomène à l'étude (Chevrier, 1984; Abler, Adams et Gould, 1971).

Aidé par la recension des écrits ainsi que par son expérience antérieure de recherche, le chercheur est déjà en mesure d'établir et de définir les concepts et les variables avec lesquels il va travailler. Selon Ouellet (1981), les concepts sont des représentations intellectuelles de certains aspects de la réalité, représentations dotées à la fois d'un certain degré de généralisation et d'abstraction. Pour l'observer et le mesurer, le concept doit devenir opératoire même s'il conserve sa nature de concept dans le sens philosophique du terme.

Pour leur part, les variables permettent de fixer les valeurs du concept opératoire et, en ce sens, sont dichotomiques, polytomiques et continues. Les premières n'ont que deux valeurs possibles. Les secondes assument un nombre plus grand de valeurs. Les dernières sont celles où la distribution continue des valeurs croît ou diminue d'une manière graduelle et insensible (ainsi, par exemple, l'âge ou la taille des personnes, les températures ou la pression atmosphérique...)

On peut aussi classer les variables en dépendantes et indépendantes. Les premières correspondent aux phénomènes apparaissant, disparaissant ou changeant quand agit un certain facteur. Les secondes correspondent justement à ces facteurs déterminant des changements dans les variables dépendantes. En ce sens, on les connaît aussi sous le nom de variables explicatives. Cette interaction de deux types de variables doit être analysée soigneusement. En effet, une apparente relation causale (la variable indépendante agissant sur la variable dépendante) peut n'être qu'une relation concomitante où deux variables évoluent de manière similaire mais, dans ce cas, sous l'influence commune d'une troisième variable accomplissant, elle, le rôle de facteur déterminant.

Par rapport à notre exemple, le chercheur-géographe doit identifier maintenant les concepts et les variables qui encadreront sa recherche sur les inégalités régionales. Le premier concept sera, sans aucun doute, celui d'inégalités régionales. Il peut toutefois le situer dans un milieu spatial plus concret comme peut l'être, par exemple, celui des pays sous-développés du monde capitaliste. Ce concept deviendra opératoire quand le chercheur aura pu lui assigner des valeurs observables et mesurables, en termes démographiques (distribution de la population), sociaux (occupation de la main-d'oeuvre), économiques (participation de la région au PNB) ou autres (infrastructure, services...). Telles seront les variables dépendantes principales de la recherche qu'on analyse. D'un autre côté, le chercheur précisera les concepts relatifs aux facteurs des inégalités régionales : type de gouvernement existant dans les pays concernés, épuisement des ressources naturelles, rôle des firmes transnationales, qualification insuffisante de la main-d'oeuvre régionale, composition ethnique de la population, histoire du peuplement du territoire national... Avec plus ou moins de difficulté, ces facteurs ou d'autres se transformeront en variables explicatives que le chercheur mettra en relation avec son concept initial. La sélection des variables explicatives dépendra, naturellement, de l'optique avec laquelle le chercheur aura décidé d'étudier son thème de recherche. Ainsi, il mettra l'accent sur l'explication anthropologique, sur l'explication politique, économique ou historique.

Une fois cet exercice effectué, arrive le moment de fixer le sujet spécifique de la recherche, c'est-à-dire de donner un nom ou un titre à la recherche ou, mieux encore, d'exprimer avec clarté et précision le sujet à analyser. À cet égard, une précaution élémentaire consiste à inclure à l'intérieur d'un tel énoncé les concepts principaux que l'on vient de choisir. De cette façon, l'on aura un sujet spécifique de recherche comme le suivant : «Les firmes trans-nationales dans l'industrie agro-alimentaire des pays sous-développés et leur influence sur la destructuration des espaces nationaux.» Cette destructuration représente ici la variable dépendante, tandis que les autres termes du sujet de recherche correspondent aux variables indépendantes ou explicatives.

De la bonne formulation du sujet spécifique de recherche dépend la marche de tout le travail ultérieur. Bien défini, un tel sujet contient déjà l'embryon des hypothèses de recherche, montre la direction que prendra la recherche et aide à déterminer les données factuelles avec lesquelles on travaillera. Il aide aussi à bien choisir les sources et techniques servant à «former l'information» de base dont disposera le chercheur. Pour toutes ces raisons, les formula-tions vagues et approximatives ou incomplètes sont absolument à rejeter. L'étudiant en géographie préparant un mémoire de fin de programme ou le jeune géographe commençant son métier de chercheur auront intérêt à ne pas tout chercher en même temps. Si un thème apparaît trop vaste, bien qu'il soit extrêmement intéres-sant, mieux vaut le scinder en deux ou plusieurs thèmes mineurs connexes aux dimensions plus raisonnables. Comme le dirait B. Gracián «peu si c'est bon, mieux si c'est clair...».

En guise de récapitulation, nous voudrions terminer cette partie en rappelant brièvement les caractéristiques d'un bon sujet de recherche en géographie. D'abord, son intérêt autant pour le cher-cheur que pour la communauté dont celui-ci fait partie. Dans la même veine, son opportunité, c'est-à-dire, l'urgence plus ou moins grande de l'aborder, ce qui dépend naturellement du caractère fondamental ou appliqué de la recherche. Ces deux caractéristi-ques sont reliées de façon directe aux objectifs de la recherche, aux plans social, scientifique et, même, individuel.

Il y a aussi l'originalité du sujet à surveiller, dans ce sens que la recherche à entreprendre ne doit pas être la réplique d'une autre déjà effectuée, d'où l'importance de la recension des écrits, ainsi que de la rigueur déontologique du (des) chercheur(s) concerné(s). Au niveau des étudiants universitaires de géographie, ce critère d'originalité peut être appliqué avec moins de sévérité, étant donné le caractère scolaire de leurs recherches. Malgré cela, les mémoires de fin d'étude qu'ils devront produire ne pourront jamais être des copies conformes de travaux réalisés préalablement par d'autres personnes. L'analyse critique des recherches précédentes, la réorientation méthodologique d'une recherche préliminaire, la mise à jour des données de base ou tout autre changement dans les contenus ou la méthodologie seront fort appréciés et mis conséquemment au profit d'une meilleure évaluation desdits mémoires ou de tout autre travail de recherche fait dans le cadre des études universitaires de géographie.

Une quatrième caractéristique concerne la faisabilité de la recherche, tant en ce qui a trait à la disponibilité des ressources nécessaires qu'en ce qui touche à la rationalité et à la viabilité scientifique de la démarche de recherche qui a été choisie. En d'autres termes, il s'agit d'utiliser des critères externes (ressources humaines, financières, techniques, d'information...) et des critères internes pour confirmer ou pour infirmer — au bon moment — les possibilités réelles de mener à bien la recherche voulue.

Finalement, un bon sujet de recherche en géographie se doit d'être un sujet vraiment géographique. Nos réflexions du premier chapitre ont été conçues justement dans cette perspective. Les étudiants de géographie, en particulier, devront redoubler leur attention et leurs lectures au moment de choisir un thème de mémoire final, dont la dimension spatiale sera évidente et irréfutable.

B. Formulation des hypothèses de recherche

Les hypothèses scientifiques sont des propositions générales vérifiables (M. Bunge, 1972). Elles ne sont pas des propositions nominales, c'est-à-dire qu'elles ne sont pas l'objet de vérification objective (cette ville s'appelle New York; les principaux points cardinaux sont le sud, le nord, l'est et l'ouest; l'Amérique est un continent entouré par les océans Atlantique, Pacifique, Arctique, Antarctique...). Elles ne sont pas non plus des propositions vérifiables de type singulier ou spécifique (la ville de New York est loin d'ici, la vitesse maximale autorisée sur les autoroutes canadiennes est de 100 km/h...). De telles propositions n'ont ni la portée ni l'amplitude des véritables hypothèses scientifiques.

On peut dire aussi qu'une hypothèse scientifique est une affirmation plausible établissant une relation entre deux ou plusieurs variables (Ouellet, 1981). Dans de telles conditions, elle se situe au plein centre du processus de recherche scientifique dont l'objectif est précisément de vérifier, c'est-à-dire de confirmer ou d'infirmer une hypothèse préalablement énoncée. En d'autres termes, l'hypothèse scientifique est une supposition d'une vérité pas encore établie.

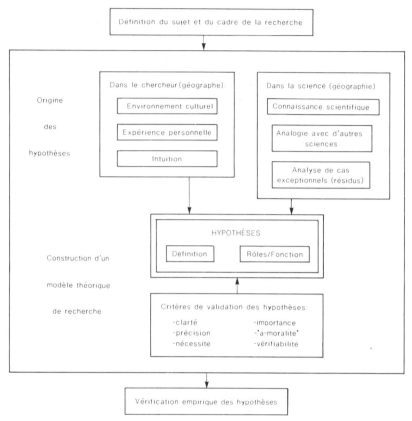

Fig. 26 Formulation des hypothèses scientifiques

L'étape de la formulation des hypothèses et de la construction d'un modèle théorique de recherche se situe entre la définition du thème de recherche et la vérification empirique des hypothèses (figures 24 et 26). L'énoncé du thème de recherche contient les différentes variables reliées par les hypothèses. Il n'y a donc pas de coupure absolue entre les deux premières étapes du processus de recherche scientifique.

Selon Grassau (1962), *les fonctions des hypothèses scientifiques* sont de trois types. Premièrement, elles orientent la recherche, c'est-à-dire qu'elles signalent la direction à suivre dans l'étude des faits. Deuxièmement, les hypothèses délimitent et circonscrivent le champ d'investigation. Cela permet, pour le chercheur, d'économiser du temps et des moyens. Troisièmement, les hypothèses suggèrent une méthode pratique de vérification, c'est-à-dire un ensemble précis de techniques destinées à les soumettre à preuve. Il est évident que les hypothèses sont plus faciles à formuler dans les sciences exactes où la vérification expérimentale est beaucoup plus tangible. Toutefois, avec le traitement quantitatif de l'information, les hypothèses en géographie peuvent dorénavant être soumises à l'expérimentation.

Les hypothèses scientifiques ont pour origine la science elle-même puisqu'il y aura toujours des faits inconnus ou des points confus à l'intérieur d'une certaine discipline. D'où l'importance de connaître à fond la discipline dans laquelle on travaille ou, au moins, ses principaux aspects ne serait-ce que par le biais d'une honnête et complète recension des écrits. La science peut également servir d'inspiration dans la formulation des hypothèses en suggérant des analogies entre les problèmes abordés par les différentes disciplines. Ainsi, la géographie a pu bénéficier des éclairages apportés par la loi de la gravitation universelle dans l'étude des migrations internes ou dans la délimitation des aires de marché. De la même manière, les cas «résiduels», apparaissant après l'étape de la généralisation, peuvent donner naissance à de nouvelles hypothèses et à de nouveaux travaux destinés à expliquer le caractère exceptionnel de tels résidus.

La réponse du chercheur à un certain environnement culturel ou à certaines expériences personnelles constitue un autre **point d'origine des hypothèses scientifiques**. Un vol en avion au-dessus du territoire bolivien et la comparaison visuelle de différents types de nuages portèrent, par exemple, Weischet (1977) à poser des hypothèses sur les caractères et les facteurs du «régime convectif tropical» des précipitations. Des études empiriques ultérieures ont prouvé la validité de telles propositions confrontées à celles expliquant le régime pluviométrique de type advectif extra-tropical.

Dès lors, la familiarité du chercheur avec les faits, les théories et les lois influence ce processus. La capacité d'imagination, voire son intuition, joue aussi un rôle considérable (Grassau, 1962). Cela explique pourquoi de situations courantes, connues de tout le monde, n'aient engendré des créneaux de vérité que parmi quelques esprits entraînés à la réflexion et à l'observation.

Pour arriver à formuler des hypothèses acceptables en géographie, il existe normalement deux voies d'accès. La première consiste à considérer la distribution du phénomène que l'on cherche à expliquer en examinant les lois qui le contrôlent. La seconde consiste à considérer la conduite, la localisation et la distribution du phénomène et de comparer cette distribution avec celle d'autres faits connexes. Dans le premier cas, la démarche est essentiellement de type déductif, tandis que dans le deuxième cas elle relève surtout de l'induction empirique.

Les hypothèses géographiques proviennent souvent de la comparaison que fait le géographe entre la distribution d'une variable dépendante et d'autres distributions connues. La variable se cartographie et la carte résultante se compare à d'autres cartes. Dès lors, une conjecture s'établit selon laquelle existe une association entre deux cartes. L'hypothèse cherche à montrer si cette association existe et avec quel degré elle se présente. Cette méthode servit pour déterminer l'hypothèse posée à propos de la fièvre jaune à Panama durant la construction du canal. Des cartes représentant différents phénomènes associés furent comparées à d'autres dont celle indiquant l'extension spatiale de la fièvre jaune. Il arriva un moment où l'on découvrit une relation entre la carte de la fièvre et celle de la répartition des moustiques anophèles. Ce rapport fut développé comme hypothèse puis expérimenté et accepté. Après l'élimination de l'anophèle, la fièvre jaune fut vaincue parmi les travailleurs construisant la canal et celui-ci put être terminé (Haring et Lounsbury, 1971).

Gopal (1970) et Lasvergnas (1984) distinguent **différents types d'hypothèse**, selon le nombre de variables qu'elles prennent en considération. Les hypothèses univariées, descriptives ou de premier niveau sont celles s'intéressant seulement à l'état d'une situation sans la mettre en relation avec d'autres situations. Exemple : la constatation préliminaire du «pattern» de distribution spatiale des commerces dans une aire bien déterminée. De leur côté, les hypothèses bivariées, plus complètes et d'un plus grand niveau d'abstraction, expriment une relation logique de cause à effet. Par exemple, dans l'hypothèse formulée par Fitzgerald (1975), on y affirme qu'«il y a une relation inverse ou négative entre l'intensité de l'utilisation du sol et la distance au centre d'une ville». Finalement, les hypothèses multivariées, les plus complètes et les plus abstraites de toutes établissent différents niveaux et classes de relation entre plusieurs variables. Le nombre de variables étant théoriquement illimité, les occasions de développer de nouvelles recherches à partir de ce type d'hypothèse sont nombreuses et variées. Exemple : l'hypothèse tentant d'expliquer l'avance de la désertification dans les régions semi-arides d'Afrique ou d'Amérique du Sud en fonction de différentes variables biophysiques (climat, végétation, sol...) culturelles (genre de vie, transhumance...), économiques (exploitation des ressources naturelles) et politiques.

Cela amène à proposer une **autre classification des hypothèses scientifiques** selon le plus ou moins grand degré de généralité. Il faut tout d'abord mentionner les hypothèses générales à forte dose d'information. D'un point de vue opérationnel, les hypothèses générales se prêtent mal à une vérification immédiate parce que les variables impliquées n'ont pas été définies d'une manière suffisamment concrète. Aussi faut-il les décomposer en d'autres hypothèses moins générales, subordonnées et spécifiques où les variables, mieux définies, deviennent opérationnelles. Entre les hypothèses générales et les hypothèses spécifiques, quelques auteurs reconnaissent les hypothèses dites intermédiaires qui, au fond, ne sont que les formes de transition adoptées par les hypothèses lors du passage de leur stade le plus général à un autre plus particulier.

Il convient également d'aborder **la bonne formulation des hypothèses** (Grassau, 1962; Gopal, 1970; Gravel, 1980; Ouellet, 1981). Les hypothèses doivent être claires, bien formulées, facilement communicables et reliées au corps principal de la géographie. La formulation d'une bonne hypothèse demande du temps et une bonne connaissance du cadre théorique de la recherche. Une hypothèse doit être précise pour bien servir à toutes les étapes du processus. Elle doit correspondre exactement au thème de recherche bien qu'il faille parfois la décomposer en autant d'énoncés spécifiques montrant des aspects particuliers contenus dans le thème.

De plus, une hypothèse scientifique doit être nécessaire. Ce préalable, évident en apparence, est particulièrement important quand il s'agit de recherches réalisées par les étudiants. Ils doivent se souvenir qu'une hypothèse ne se justifie que lorsqu'il y a allusion à des faits mal expliqués par des lois ou des théories déjà prouvés. On évite ainsi la formulation d'hypothèses superflues ou inutiles.

Les hypothèses scientifiques ne peuvent pas exprimer des jugements de valeur ou des appréciations morales. Aussi, la formulation des hypothèses doit-elle éviter, dans la mesure du possible, l'usage de termes comme «devrait», «il n'y aurait qu'à», «bon», «mauvais»... Par contre, les mêmes hypothèses doivent être théoriquement significatives : elles doivent être explicitement liées à un corpus théorique préexistant. De même, elles doivent être en accord avec les principes fondamentaux de la science, ce qui les distingue des explications fantaisistes que l'on rencontre dans certaines disciplines pseudo-scientifiques.

Finalement, les hypothèses scientifiques doivent être vérifiables. Cela résume leur principale raison d'être. Effectivement, toutes les étapes de la méthode scientifique dépendent de la «vérificabilité» des hypothèses. Cette possibilité de vérification est effective grâce à des techniques de travail déjà connues ou grâce à de nouvelles techniques créées à cette fin.

Une fois l'hypothèse vérifiée et bien établie, elle tend à faire partie d'une théorie. De là on déduira d'autres propositions assumant le rôle d'hypothèse par rapport à de nouveaux projets de recherche. Comme nous le verrons plus loin, les théories vérifiées peuvent laisser place à des lois scientifiques et celles-ci à des axiomes, c'est-à-dire à des principes qu'il n'y a pas besoin de démontrer (Gopal, 1979). Comme quoi, les hypothèses scientifiques ne sont pas seulement importantes pour ce qui est de l'opérationalisation du processus de recherche, mais aussi en ce qui concerne l'avancement et la consolidation de la science en général.

C. Vérification empirique des hypothèses

Une bonne formulation des hypothèses, convient-il de répéter, est décisive pour la bonne marche de la recherche. Non seulement ce rôle des hypothèses est valide pour l'accomplissement des objectifs de la recherche mais, de plus, il a un rapport avec le type de données à collecter et les techniques de travail à employer. Aussi l'hypothèse et le thème même de la recherche doivent-ils être formulés en termes de définitions opérationnelles (distinctes des définitions théoriques). Cela permettra de choisir ou de créer les instruments de mesure les plus adéquats pour la recherche.

Comme la finalité immédiate de cette étape méthodologique est l'obtention et le traitement de données de base, de type empirique, on peut la définir comme un processus de formation de l'information (figure 27.)

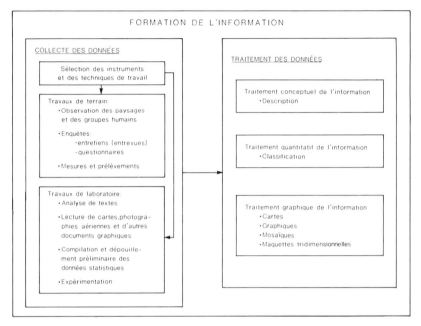

FORMATION DE L'INFORMATION

COLLECTE DES DONNÉES

Sélection des instruments
et des techniques de travail

Travaux de terrain:
•Observation des paysages
et des groupes humains

•Enquêtes:
   -entretiens (entrevues)
   -questionnaires

•Mesures et prélèvements

Travaux de laboratoire:
• Analyse de textes

•Lecture de cartes,photogra-
   phies aériennes et d'autres
   documents graphiques

•Compilation et dépouillement préliminaire des
   données statistiques

•Expérimentation

TRAITEMENT DES DONNÉES

Traitement conceptuel de l'information
•Description

Traitement quantitatif de l'information
•Classification

Traitement graphique de l'information
•Cartes
•Graphiques
•Mosaïques
•Maquettes tridimensionnelles

Fig. 27 Vérification empirique des hypothèses

1. Collecte des données

Les instruments et les techniques de cueillette de données font l'objet d'un choix dépendant du type de recherche entreprise et des objectifs fixés. En géographie, ce choix est aussi fonction de la spécialité avec laquelle l'une ou l'autre recherche est apparentée, ce qui fait — par exemple — que si les travaux expérimentaux de laboratoire sont possibles en géomorphologie (sédimentologie ou pétrographie), ils doivent être remplacés par des enquêtes sur le terrain dans certaines recherches en géographie humaine (perception de l'espace ou habitudes de consommation).

En général, les instruments et les techniques de collecte de l'information en géographie peuvent être regroupés en deux grandes catégories : les travaux de terrain et les travaux de laboratoire, ces derniers ayant une signification plus large que les seuls travaux expérimentaux.

Travaux de terrain

Pendant longtemps, les travaux de terrain ont été considérés comme le pilier principal des recherches géographiques. Il n'est pas rare d'entendre certains géographes universitaires dire que «la géographie s'apprend par les pieds», définition de la discipline dont les origines remontent aux temps héroïques des géographes-explorateurs, sans doute plus explorateurs que géographes.

Il convient de donner aux travaux de terrain une dimension davantage ajustée à la réalité scientifique de notre époque en reconnaissant qu'ils ne sont pas totalement absents des recherches des géographes modernes. Ainsi en est-il de **l'observation** conçue comme une technique de travail utilisable tant en géographie physique qu'en géographie humaine. Cependant, le chercheur-géographe procédant à des observations scientifiques doit garder à l'esprit deux idées principales. D'un côté, on peut biaiser l'observation par l'influence des perceptions développées par le chercheur par rapport au milieu environnant. D'un autre côté, on doit réaliser l'observation sous une forme systématique en employant, autant que possible, les grilles d'observation les plus pertinentes. Comme l'affirment Abler, Adams et Gould (1971), les géographes ne cueilleront pas les bonnes données scientifiques grâce à un quelconque processus d'osmose, mais en vertu d'une démarche précise, efficace et sérieuse d'observation. L'observation peut se définir, dès lors, comme le processus selon lequel le chercheur se confronte aux faits dans le but de noter et d'enregistrer leurs différentes caractéristiques au moyen d'instruments adéquats.

Pendant longtemps, l'observation des paysages naturels a constitué une activité privilégiée parmi les géographes physiques, notamment les géomorphologues et les biogéographes. On connaît les techniques de travail utilisées dans ces cas. Les articles scientifiques les plus traditionnels donnent suffisamment de détails là-dessus pour qu'il ne soit pas nécessaire d'insister. De toute façon, il faut dire que la révolution technologique contemporaine a beaucoup enrichi ces techniques d'observation. Jusque-là, celles-ci avaient peu évolué car, entre l'homme et la nature, le contact était direct. Or, les ordinateurs électroniques et les satellites d'observation ont bouleversé la vision traditionnelle et insufflé une dimension nouvelle à la cartographie. La photographie aérienne, notamment, est devenue un outil extraordinaire pour échantillonner les données géographiques à différentes échelles. De nouveaux pas technologiques furent ensuite franchis par l'introduction de l'imagerie radar infra-rouge et de la télédétection (photosatellite). Ces innovations permettent dorénavant d'observer et de décrire des phénomènes géographiques qui n'apparaissent pas facilement à l'oeil humain.

Une variante importante à souligner dans le domaine des observations en géographie physique est celle concernant la phénologie. En climatologie, le réseau des stations météo fixes ou normales et, plus récemment, les images fournies par la télédétection ne peuvent procurer toutes les données importantes. C'est ce qui se passe en agroclimatologie quand on a besoin d'informations sur l'évolution des conditions climatiques à une période donnée et dans un espace donné. À cette fin, les plantes peuvent servir d'indicateurs : on compare le développement des spécimens d'une même espèce répartie à travers un certain territoire. Là où la germination et la maturation se produisent précocement, les conditions climatiques d'humidité et de température sont plus propices qu'ailleurs. C'est ce qui se passe sur les adrets comparativement aux ubacs dans les terrains plus ou moins accidentés. Un réseau d'observations phénologiques (paysans ou agriculteurs bien entraînés et dotés des instruments d'enregistrement nécessaires) permettra au chercheur de tracer des cartes agroclimatiques sur lesquelles les isolignes représenteront les dates où ont lieu des événements importants dans la vie des plantes. Cela matérialisera visuellement les changements dans les conditions climatiques locales.

En géographie humaine, l'observation est possible et recommandable en plusieurs occasions, surtout si elle accompagne d'autres activités de recherche comme les enquêtes. Une forme intéressante d'observation est ce que l'on appelle «l'observation participante» dans laquelle le chercheur s'immerge totalement dans la situation sociale à l'étude (Laperrière, 1984). L'observation participante se base sur la présomption que l'interprétation d'un événement peut être plus fiable et plus détaillée si le chercheur plonge dans les profondeurs des événements. Pour ce faire, le chercheur doit devenir membre du groupe étudié, ce qui lui assurera une plus grande proximité et augmentera ses chances de bien suivre la situation qu'il veut analyser.

Avec ses avantages et ses limites, l'observation participante a été surtout en vogue chez les sociologues davantage que chez les géographes humains et, pourtant, elle pourrait s'avérer fort utile dans des recherches géographiques ayant trait, par exemple, aux mouvements migratoires. Dans cette optique précisément, un chercheur mexicain a réalisé récemment une intéressante étude, fondée sur les techniques de l'observation participante, de l'immigration illégale au sud des États-Unis (Bustamante, 1975). Ce modèle, élargi à d'autres thèmes de la géographie humaine, est susceptible d'intéresser de plus en plus les chercheurs géographes qui se rapprocheront ainsi davantage d'autres professionnels des sciences sociales, avec les profits mutuels qui peuvent en découler.

De la même manière, l'observation directe non participante est d'une grande utilité dans les études géographiques de type social. Comme le signale Laperrière (1984), le but de cette approche, dite «objective» est la description exhaustive des composantes objectives d'une situation sociale donnée (lieux, structures, objets, personnes, actes, événements...) pour ensuite en extraire les typologies. Le mode privilégié d'appréhension du réel est ici la distanciation. Dans les deux cas, la démarche d'observation va poser plusieurs exigences de type méthodologique et de type déontologique. Les premières concernent le choix de la situation à étudier et celui de l'unité d'observation, ainsi que les techniques de mise en rapport avec le groupe à l'étude et celles de cueillette, d'enregistrement et de transcription des informations. Les autres ont trait aux relations qui s'établissent entre observateur et observés et à l'utilisation (voire, l'analyse) de l'information collectée.

Les **enquêtes** ont aussi pour objectif de rechercher des informations se rapportant à un groupe social donné et pouvant être présentées, soit sous la forme de résultats quantifiables, soit sous la forme de résultats qualitatifs (Javeau, 1971). À part l'observation qui peut être mise éventuellement au profit des enquêtes, celles-ci font principalement appel aux entrevues (individuelles ou collectives) et aux questionnaires standardisés.

L'**entrevue** est une sorte de conversation avec un but bien précis, ce qui fait d'elle quelque chose de plus essentiel qu'un échange banal d'information. Elle est un outil de recherche, utilitaire et orienté, qui se base sur un rapport asymétrique entre le chercheur et la personne interrogée (l'un — le chercheur — pose les questions, tandis que l'autre — la personne interrogée — parle de ses expériences).

Parce que directe, l'entrevue est parfois le seul moyen d'obtenir un certain type d'information, et parce que flexible, elle permet d'introduire des changements dans les questions posées à la personne interrogée. L'entrevue, qui généralement contient des questions plus compliquées qu'un questionnaire, aide à compléter le tableau des connaissances que le chercheur a pu ébaucher à propos d'un sujet en se servant d'autres outils de recherche. C'est, par exemple, le cas de la recherche réalisée par Klein et Peña (1983) sur la nouvelle régionalisation nicaraguayenne. Les études documentaires préalables furent enrichies grâce aux entrevues effectuées sur le terrain tant auprès des responsables nationaux de la régionalisation qu'auprès des délégués gouvernementaux oeuvrant dans les régions elles-mêmes.

Au plan des limitations, il faut convenir que, lors de l'entrevue, certaines personnes interrogées seront incapables ou ne voudront pas donner un certain type d'information (parce que confidentielle, inconnue, oubliée...). Dans d'autres circonstances, la personne interrogée peut vouloir influencer le chercheur ou se valoriser à ses yeux ou peut tout simplement éprouver des difficultés d'expression ou de compréhension (Gravel, 1980). Tout ceci oblige le chercheur à respecter strictement quelques normes minimales visant à «créer un climat naturel qui favorise la confiance mutuelle, la sincérité et la reconstitution d'univers de vie significatifs. Cela suppose une communication dans les deux sens, l'élimination des brouillages techniques, la réduction des distances socio-économiques et des barrières psychologiques, une véritable expérience sociale partagée» (Tremblay, 1968).

Les entrevues peuvent se regrouper en trois types. Le premier est celui des entrevues non directives ou à questions libres. Le chercheur propose des thèmes de plus ou moins grande envergure et il confie à la personne interrogée la responsabilité de s'exprimer librement et d'une manière personnelle sur ces thèmes (Gravel, **op. cit.**; Daunais, 1984). Les questions ne sont pas formulées à l'avance et seul un guide d'entretien concernant l'éventail des thèmes à aborder sert d'instrument objectif entre les mains du chercheur. Dans les entrevues du deuxième type, à questions ouvertes ou semi-dirigées, le chercheur s'entretient avec son interlocuteur dans une structure plus rigide, selon un schéma déterminé à l'avance, au moyen de questions précises déjà libellées et ordonnées. Par contre, le répondant a le libre choix de la formulation des réponses.

Finalement, dans l'entrevue standardisée dirigée (à questions fermées) le répondant n'a plus le libre choix de la formulation des réponses, l'entrevue impliquant un questionnaire standardisé. Il est évident qu'il s'agit ici de l'entrevue la plus structurée, servant à compiler rapidement les résultats.

Hormis la recherche sur la nouvelle régionalisation nicaraguayenne, la technique de l'entrevue a été utilisée avec succès dans des études relatives au sous-emploi dans les aires urbaines de l'Inde, à l'influence du mouvement coopératif sur le développement régional au Québec, etc.

De leur côté, les **questionnaires** peuvent se définir comme des documents sur lesquels sont notées les réponses ou les réactions d'un sujet déterminé (Javeau, 1971). Plus exactement, il s'agit d'une liste détaillée, classée et planifiée d'éléments à propos desquels des informations sont demandées (Gopal, 1970). On les utilise afin d'obtenir des données concrètes et objectives à partir de sources primaires. Dans certains cas, l'administration de ce questionnaire est directe, c'est-à-dire que le sujet même annote ses réponses sur le document (on peut alors parler d'auto-administration ou d'auto-enregistrement). Dans d'autres cas, l'administration du questionnaire est indirecte, l'enquêteur notant les réponses qui lui sont fournies par le sujet. Quand il s'agit de questionnaires directs, il est possible de les envoyer par la poste aux personnes interrogées. Même si le traitement est indirect, un entretien entre l'enquêteur et le sujet est nécessaire, soit par téléphone, soit en tête-à-tête. Dans un tel contexte, il faut associer la technique de l'entrevue avec celle du questionnaire. D'ailleurs, plusieurs auteurs privilégient cette combinaison de techniques, lorsque les conditions s'y prêtent.

D'un point de vue pratique, la préparation et le traitement d'un questionnaire ont été abordés avec beaucoup de détail dans beaucoup d'ouvrages de méthodologie de la recherche en sciences sociales [5]. Il n'est donc pas nécessaire de revenir là-dessus mais il suffit de mettre l'accent sur deux ou trois aspects bien précis.

D'abord, il faut insister sur la pertinence d'avoir recours au questionnaire dans le cadre d'une recherche géographique, surtout si

---

[5] En plus des oeuvres citées de Javeau (1971) et Gopal (1970), on peut mentionner les travaux de Jackson (1974); Dean, Eichhorn et Dean (1967); Gravel (1980); Blais (1984), et Haring et Lounsbury (1971).

elle concerne des thèmes à caractère humain ou social. C'est le cas, par exemple, de la recherche de Giguère (1981) sur le rôle des monopoles miniers dans le développement régional de la Côte Nord du Québec. Dans cette recherche, l'attachement de la population de Fermont à son lieu de résidence fit l'objet d'un questionnaire assez simple qui permit à l'auteur d'analyser objectivement le sujet de la mobilité relative de la main-d'oeuvre reliée à l'activité minière. Un sujet vaguement semblable fit également l'objet d'un questionnaire (plus long et complexe) utilisé par Klein et Peña lors de leur recherche sur les enclaves minières et le développement régional au Nicaragua (Klein, 1984). On a également employé des questionnaires plus ou moins compliqués dans les recherches sur l'utilisation du sol au Canada ou sur la perception de l'espace (local, régional, international) parmi certaines catégories d'habitants de telle ou telle ville.

La qualité de l'échantillonnage est indispensable à la bonne administration du questionnaire. Tous les auteurs sont unanimes à proclamer que l'éventuel succès d'une recherche basée sur l'administration d'un questionnaire dépend, au premier chef, de la taille et du bon choix de l'échantillon. Il y a d'abord, évidemment, la délimitation de la population-mère, mais une fois ce problème résolu, l'échantillonnage devient le problème technique le plus important à régler. Plusieurs types d'échantillons sont à prévoir, soit qu'ils appartiennent à la catégorie des échantillons probabilistes (aléatoire simple ou au hasard systématique, aréolaire, stratifié, en grappes ou «par étapes»), soit qu'ils fassent partie de la catégorie des échantillons non probabilistes («accidentels», de volontaires, par quotas, par choix raisonné...) [6].

Finalement, il faut insister aussi sur la bonne formulation des questions, ainsi que sur la bonne construction du questionnaire même. Le questionnaire doit porter exclusivement sur les thèmes ou les situations dont on veut s'informer et obtenir des données, et ceci peut se faire seulement par l'entremise de questions importantes et significatives. Ces questions peuvent être «fermées» (c'est-à-dire, standardisées et avec un choix limité des réponses), «ouvertes» (avec libre choix de la formulation des réponses de la part de la personne enquêtée) ou «semi-ouvertes» (une modalité mixte qui combine le premier et le deuxième type de questions).

[6] Pour plus de détails, voir entre autres Grassau (1962), Gravel (1980), Lavoie (1981) et Beaud (1984).

Dans tous les cas, les critères essentiels à respecter dans la formulation des questions sont la clarté, la pertinence, la précision et la neutralité. Des questions bien formulées faciliteront énormément la tâche du chercheur au moment de la codification et du traitement des réponses, d'où l'importance de procéder — avant l'administration massive de tout questionnaire — à un prétest ou à une enquête-pilote sur le terrain pour vérifier si l'instrument élaboré sert bien ou mal à la cueillette des données dont on a besoin.

Dans un dernier groupe de travaux de terrain, nous plaçons **les mesures directes et les prélèvements**, deux techniques de recherche principalement utilisées en géographie physique. En effet, les recherches climatologiques ont parfois besoin d'une information qui n'est pas disponible à partir d'observations «normales», c'est-à-dire, celles réalisées à l'aide de stations météorologiques fixes. En climatologie urbaine, par exemple, les mesures des températures et de l'humidité atmosphérique en long et en large d'une ville quelconque peuvent être faites grâce à une station météorologique mobile montée sur un petit camion ou une auto. En agroclimatologie, d'autres mesures seront effectuées sur le terrain avec des thermomètres-frondes ou des psychromètres d'aspiration, ou tout simplement en observant la déformation des plantes par le vent ou la densité différentielle de la végétation sur l'un ou l'autre versant d'une montagne. Il faut savoir, dans tous ces cas, que la validité de l'information ainsi recueillie n'est pas la même que celle des données normales résultant du traitement statistique d'observations beaucoup plus longues. Cependant, pour les besoins d'une recherche ponctuelle, ces mesures sur le terrain — prises avec soin et de façon très systématique — seront d'une grande utilité, surtout si elles peuvent être contrôlées en les comparant aux valeurs en provenance du réseau météorologique standard.

Les prélèvements servent aussi aux recherches climatologiques, lorsqu'il s'agit, par exemple, de l'étude des précipitations acides ou autres. Toutefois, ils sont beaucoup plus populaires chez les géomorphologues, les hydrologues ou les phytogéographes. Les études des sédiments dans les eaux fluviales ou lacustres, celles relatives aux sables des plages (à l'intérieur des recherches sur le changement des profils de ces plages) ou celles ayant trait à la composition des sols végétaux, feront appel aux prélèvements systématiques d'échantillons qui seront ultérieurement traités en laboratoire [7].

Travaux de laboratoire

Malgré la prédilection évidente de certains géographes pour les travaux sur le terrain, il y a de la place dans notre discipline pour un bon nombre de travaux de laboratoire, de type expérimental ou non. Les travaux de laboratoire sont toutes les activités s'exerçant dans des enceintes fermées où l'on utilise des installations permanentes en vue d'analyser certaines données obtenues directement ou indirectement par le chercheur.

Une première catégorie de travaux de laboratoire est celle des **analyses de textes**, entendant par là les rapports, les coupures de journaux ou les histoires de vie, entre autres. La lecture consciencieuse desdits textes sera d'autant plus profitable qu'elle fera usage des techniques d'analyse de contenu que nous avons mentionnées à propos de la recension des écrits.

L'analyse documentaire en laboratoire se poursuit avec la **lecture de cartes, photographies aériennes et autres documents graphiques**. Parmi les cartes, nous distinguons d'abord les cartes topographiques dont la lecture s'avère fort utile pour la reconnaissance des grandes unités topographiques et la classification géomorphologique qui en découle. Les cartes topographiques seront encore plus riches en renseignements dans la mesure où elles seront confrontées avec les cartes géologiques respectives. En effet, c'est alors que l'analyse topographique peut devenir une vraie analyse structurale et donner lieu à une fructueuse interprétation morphologique de l'espace étudié.

D'autres documents cartographiques, pouvant faire l'objet d'une analyse en laboratoire, sont les documents météorologiques, en particulier les cartes du temps (contenues dans les bulletins météorologiques quotidiens, décadaires ou mensuels) et les images de satellites des systèmes nuageux, toutes les deux fondamentales pour les études en climatologie dynamique et synoptique. Le recours à ce type de documents a donné justement tout son élan actuel à cette branche de la climatologie qui fait contrepoids à celle plus traditionnelle de la climatologie analytique.

[7] À ce sujet on consultera avec profit Hanwell et Newson (1973), ainsi que Jackson et Forrester (1974).

Un rôle semblable, mais cette fois-ci par rapport à la géographie agraire, est joué par les documents cadastraux qui, comme on le sait, décrivent la propriété des biens fonciers bâtis et non bâtis. L'occupation du sol, le dessin parcellaire et les types de propriétés foncières sont quelques-uns des sujets de recherche qui peuvent être abordés grâce à l'utilisation de cette catégorie de documents. Ils ont démontré à peu près la même utilité dans le cadre des recherches en géographie urbaine, leur analyse étant complétée par celle des plans des villes surtout si ceux-ci ont été publiés à grande échelle et s'ils précisent — d'une manière ou d'une autre — la nature des bâtiments ou des autres éléments qui y sont représentés. Dans le même ordre d'idées, la comparaison des plans publiés à différents moments de la vie d'une ville enrichira toute recherche que l'on voudra faire en géographie urbaine historique.

Les photographies aériennes, de leur côté, font l'objet d'une attention spéciale dans les analyses de laboratoire effectuées par les géographes. Leur examen stéréoscopique permet à l'observateur d'avoir une vision tridimensionnelle du relief, ce qui a l'avantage de lui révéler, tant en géomorphologie qu'en géographie humaine, des détails impossibles à cartographier et qui prennent valeur de critères d'identification (Barrère et Cassou-Mounat, 1972; Gagnon, 1974). Par de nouvelles performances techniques, les images captées par avion ou par satellite reproduisent les formes de surface à partir de leurs émissions thermiques. Ce sont les images thermographiques infrarouges de plus en plus utilisées dans les recherches climatologiques et biogéographiques. De plus, le couplage de ces thermographies aux ordinateurs a permis la mise au point de la nouvelle cartographie automatique et du traitement numérique des images.

Le laboratoire de géographie sert aussi à la compilation et au dépouillement préliminaire des documents numériques. Certains de ces documents intéressent principalement les géographes physiques comme c'est le cas pour les séries de données météorologiques fournies sur demande par tous les bureaux météorologiques nationaux et même par des organismes internationaux tel l'Organisation météorologique mondiale (OMM). Les statistiques des mesures de débit, essentielles pour les recherches en hydrologie fluviale sont du même type. Il existe aussi les documents numériques de nature démographique et économique, ainsi que les fichiers administratifs ou les documents comptables des entreprises ou des communautés.

Ce matériel, dûment traité, est fondamental pour les recherches en géographie de la population, en géographie économique ou en géographie régionale.

Il s'agit donc de sources très variées qui présentent toutefois de nombreux caractères communs pour ce qui est de leur traitement et de leur explication (Barrère et Cassou-Mounat, **op. cit.**). Il est principalement question d'établir des comparaisons et de faire apparaître des relations et pour y parvenir une première classification ainsi qu'une analyse rapide sont nécessaires.

Enfin, **l'expérimentation** peut aussi avoir lieu dans les laboratoires de géographie, bien qu'elle soit limitée aux recherches en géographie physique. Les échantillons de sols traités expérimentalement vont servir aux études de granulométrie et de morphoscopie, si chères à certains géomorphologues. L'examen des sédiments des eaux fluviales, lacustres ou même marines intéressera davantage les hydrologues. Les lysimètres serviront aux biogéographes dans leurs mesures expérimentales de l'évapotranspiration. Les modèles réduits ont un intérêt certain pour les hydrologues (courants fluviaux et marins), les climatologues (circulation atmosphérique) et les géomorphologues (cycle d'érosion).

C'est justement sur ce terrain que la géographie (physique) ressemble le plus, d'un point de vue technique, aux autres sciences naturelles. Les équipements de laboratoire deviennent alors coûteux et complexes et les pouvoirs publics hésitent à les fournir, la géographie étant conçue plutôt comme une science «sèche» qui peut s'accommoder d'installations minimales. Même à l'intérieur de la géographie, il y a ceux qui pensent que l'expérimentation peut être évacuée au profit du traitement statistique des données numériques. Nous croyons que l'une n'exclut pas l'autre et que tout cet éventail de techniques expérimentales peut être mis au service de l'ensemble de la science géographique. Le chercheur débutant (et l'étudiant universitaire de géographie encore plus) aura donc intérêt à se renseigner sur les conditions matérielles de son institution permettant le travail expérimental de laboratoire, le seul à pouvoir garder pour la géographie toutes les possibilités de recherche énumérées ci-haut et qui, peu à peu, glissent vers d'autres disciplines plus vigilantes et plus dynamiques à cet égard.

2. Traitement des données

Dans le processus de formation de l'information et de vérification des hypothèses, la seconde grande sous-étape est destinée au traitement des données que l'on vient de recueillir. Dans le cas spécifique de la géographie, ce traitement des données peut se faire selon trois modalités dont les traits distinctifs découlent autant des techniques employées que des résultats susceptibles d'être atteints. Nous parlons des traitements conceptuel, quantitatif et graphique de l'information.

Traitement conceptuel de l'information

Dans cette modalité de traitement des données il est surtout question de sélectionner un certain type d'information, normalement collectée sur le terrain, et d'en faire la **description**. Nous savons tous que décrire et localiser fut la première démarche traditionnelle en géographie. Le géographe se devait de décrire le paysage pour en dégager la signification. Il revient à Vidal de la Blache d'avoir donné ce style de la description qui allait imprimer sa marque à la géographie jusqu'au milieu du siècle : vaste fresque régionalisante où les traits typiques sont dégagés. Quelle qu'en soit leur nature, ils contribuent à préciser la physionomie des lieux. La description vidalienne est précise, schématique, dirigée vers l'explication, replacée dans une perspective historique, évocatrice et littéraire. L'observation vidalienne ne repose pas sur l'expérimentation mais davantage sur la synthèse intuitive comme attitude mentale. Après enquête sur le terrain, cette synthèse se fait ordonnée et s'articule autour de concepts.

Dans la théorie géographique quotidienne, la description et l'explication figurent en bonne place. Certains soutiennent même que la démarche de la géographie procède d'une dialectique entre la description et l'explication. Les travaux de géographie traditionnelle ont souvent été des enquêtes clairement conçues, conduites comme une expérience personnelle où tout est longuement décrit, noté et expliqué. Pour certains, la description serait même l'apanage de la géographie et une idée latente est que la description est plus simple que l'explication, seul but noble du chercheur. La description en géographie classique a ses codes : il faut voir au concret, effectuer des localisations brutes et donner dans l'encyclopédisme. On procède à des classements et à des analyses mais on y ajoute les détails pittoresques, le sens de l'intuition et une dose de sensibilité.

En général, on décrit les phénomènes pour ensuite les expliquer et en dégager les causes. La description et l'explication sont intimement liées et elles dépendent toutes deux de la théorie géographique à l'aide de laquelle le chercheur travaille. Vidal de la Bache était très explicite à ce sujet : description n'est pas énumération car la première revêt déjà un caractère sélectif puisque la théorie géographique joue le rôle de filtre. En d'autres termes, la manière de décrire les phénomènes géographiques implique déjà une prise de position à l'égard de l'explication. En devenant sélectif, en faisant des choix puisqu'on ne peut tout décrire, on révèle une théorie ou une hypothèse sur ce qui est significatif.

En effet, il faut bien comprendre qu'en géographie, une description non appuyée sur une idée directrice tombe carrément à plat et n'apporte rigoureusement rien car elle est insipide et vaine. Cependant, il est clair que toute description est influencée au départ par l'idéologie et les idées reçues de celui qui l'effectue (Reynaud, 1974). La notion d'image contribue à renouveler le concept de description.

Les rapports entre l'image et la réalité sont complexes. L'image est souvent partielle car elle ne retient qu'une échelle. L'image peut être fidèle sans étude du terrain car l'enquête sur le terrain n'est jamais exhaustive. Au contraire, l'image peut être déformée malgré l'étude du terrain. La description d'un paysage est parfois faussée par les lieux communs et les idées toutes faites. Enfin, l'image doit tendre au modèle car, pendant trop longtemps, la description a engendré presque automatiquement la monographie régionale démultipliée en une accumulation d'exemples. Or, avec ce système, on n'arrivait pas à déboucher sur un modèle.

Malgré l'indéniable succès de la description parmi les représentants de la géographie classique et ses possibilités d'enrichissement par le biais des explications embryonnaires qui lui ont été rattachées, cette formule de traitement de l'information géographique est de moins en moins populaire aujourd'hui. Elle est limitée au plan méthodologique et favorise une approche idéographique qui va à l'encontre des actuelles tendances à la généralisation et à l'application des résultats des recherches géographiques.

Traitement quantitatif de l'information

Le maniement de situations complexes et d'énormes quantités de données demande, de la part de la géographie, l'emploi de modes d'expression et d'instruments adéquats. En ce sens, les mathématiques (science formelle) jouent un rôle de première importance.

L'usage du langage mathématique et le traitement quantitatif de l'information ne constituent pas une fin en soi pour la science géographique mais seulement un moyen de poser et de résoudre les problèmes. Il est vrai que le langage mathématique est plus abstrait que le langage géographique, rattaché au monde réel, mais il aide à formuler des concepts et des propositions. Le traitement quantitatif ne s'oppose pas à l'approche qualitative. Au contraire, ils forment tous les deux les phases complémentaires d'un même schéma d'analyse en permettant une plus grande rigueur. Au fond, beaucoup plus que la solution de problèmes particuliers, l'introduction des mathématiques en géographie signifie l'incorporation d'une meilleure et plus profonde compréhension des problèmes. Cela permet de meilleures alternatives de généralisation et de classification des événements géographiques (Anuchin, 1973).

Au-delà des aspects pratiques de l'outillage mathématique pour la collecte, l'agencement, le stockage et la reproduction des données de base, la géographie recourt aux techniques quantitatives parce que c'est la conséquence logique et inévitable du processus de maturation scientifique.

Le géographie moderne est de plus en plus concernée par la manipulation de longues séries numériques relatives tant aux aspects physiques qu'aux aspects humains de l'espace. La climatologie, par exemple, utilise un grand nombre de données statistiques dont l'étude, station par station, permet de définir les types de climat et de les replacer dans une classification. Il y a d'abord le calcul des valeurs moyennes de tous les éléments climatiques, pour ensuite passer aux valeurs probables, surtout lorsqu'il s'agit des précipitations. Mais on peut procéder aussi à l'étude des séries chronologiques de façon à établir certaines tendances dans l'évolution des conditions climatiques. Il est possible finalement de trouver les corrélations existant entre les différents éléments climatiques et entre ceux-ci et quelques facteurs des climats. D'une manière similaire, on peut travailler avec les données provenant des mesures hydrologiques, sédimentologiques ou autres.

En géographie économique, l'analyse des séries évolutives est devenue également populaire, pour connaître — par exemple — les tendances du trafic commercial, soit à l'intérieur d'une année (les fluctuations saisonnières), soit à travers une période plus longue. Les mêmes procédures serviront également lors de l'étude chronologique de la production agricole, industrielle ou minière d'un pays ou d'une région quelconque. De leur côté, les séries démographiques faciliteront l'analyse de la structure des groupes humains, tant au niveau de l'âge qu'au niveau des types d'emploi ou d'instruction.

Jusqu'ici, il a été surtout question d'analyses quantitatives ponctuelles reliées à des éléments isolés de la réalité spatiale. Quand l'espace géographique se définit comme un système, un tel traitement ponctuel est insuffisant. Il doit alors laisser la place à un cadre multivarié qui mènera graduellement à l'analyse systémique. Tel est le cheminement aboutissant à la classification, le regroupement et la «régionalisation» des lieux. Tout cela forme une convergence vers la recherche de l'ordre et de l'explication scientifique en géographie.

En géographie, la **classification** constitue l'étape décisive dans la recherche de l'explication. Si la stratégie méthodologique choisie est de type empirico-déductif, la classification fera suite à l'observation, à la collecte, à la description, à la définition et à la mesure des données. Pour certains, la recherche se termine à cette étape. Évidemment, cela est insuffisant pour atteindre des niveaux d'interprétation, de conclusion et de généralisation octroyant un véritable caractère scientifique à toute recherche. Ainsi, dans cette stratégie, la classification est une étape intermédiaire donnant lieu à des développements plus complexes. Quand on opte pour une stratégie méthodologique de type théorico-déductif, la classification a un rôle moins clair. Elle apparaît alors comme un moyen donnant une forme cohérente à une proposition ou hypothèse dont la rigueur scientifique reste à prouver.

Différents auteurs (Grigg, 1965 ; Chevailler, 1974) s'accordent à reconnaître deux procédures de classification en géographie : la classification par division logique (ou par subdivision) et la classification par regroupement (ou par agrégation) d'éléments ou individus.

Comme procédure de division logique, la classification part d'une classe unique initiale divisée successivement en sous-classes, groupes, sous-groupes… Une classe initiale peut être formée de la gamme complète des climats d'un continent ou d'un pays. En supposant que le pays à étudier soit le Chili, le processus de classification par division logique pourra déboucher sur un schéma comme le suivant (Figure 28), basé sur la classification génétique des climats chiliens (Peña, 1982).

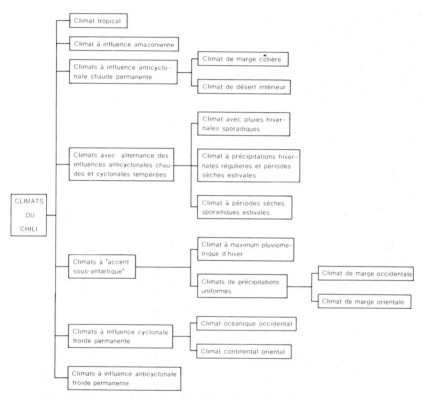

**Fig. 28 Un modèle de classification par division logique :
la classification génétique des climats chiliens**

L'exemple précédent correspond à un processus de division logique réalisé par désagrégation graduelle. Cela amène finalement à une succession hiérarchisée des subdivisions du système. Par rapport à la division logique, la division dichotomique forme une variante dans laquelle on reconnaît la présence ou l'absence de tel ou tel attribut à l'intérieur d'un ensemble.

Un cas simple de division dichotomique est celui où une population quelconque se divise en jeunes (0 à 20 ans) et non-jeunes (plus de 20 ans). Dans la langage de la théorie des ensembles, les jeunes constituent l'ensemble J et les non-jeunes son complément J̄. L'addition d'autres attributs dépasse le cadre de la simple division dichotomique et augmente, naturellement, le nombre de divisions à l'intérieur de la classe originelle : l'emploi de deux attributs la divise en quatre (2^2); trois attributs en 2^3, c'est-à-dire 8 classes et ainsi de suite.

À l'opposé, se déroule la classification conçue comme un processus de regroupement ou d'agrégation d'éléments ou d'individus. On utilise pour cela un large éventail de techniques fondées sur l'analyse discriminatoire (Johnston, 1968). Pour Chevailler (**op. cit.**), il s'agit d'une classification **stricto sensu**. On la rencontre habituellement dans le cadre de la taxonomie numérique. Dans un tel processus, il y a formation de groupes d'éléments à l'intérieur desquels la distance ou variance est minime tandis qu'avec des groupes autres, la distance ou variance se maximise.

La classification par regroupement peut être monothétique quand elle répond à un seul critère ou polythétique quand elle travaille simultanément avec plusieurs caractéristiques. Une interprétation géographique de cette différenciation prétend assimiler la délimitation d'espaces ou ceintures (**belts**) au premier type de classification (le **Corn Belt** nord-américain comme exemple de l'expression spatiale d'une classification basée sur un trait unique de la géographie d'un continent). La classification polythétique, de son côté, sera représentée par des zones, comprises comme des espaces homogènes vers lesquels convergent différents paramètres complémentaires (structures sociales et économiques, habitat, systèmes de culture...) (Groupe Chadule, 1974). W. Bunge (1966) préfère parler d'une «région à caractère simple» quand il s'agit d'une classe spatiale fondée sur une seule caractéristique distinctive et d'une «région à caractère multiple ou multivarié» lorsqu'il est question d'une classe spatiale fondée sur plusieurs caractéristiques distinctives.

C'est surtout dans les études régionales que la transposition des schémas classificatoires au domaine géographique se pose avec tout son intérêt. Cela est particulièrement vrai dans les systèmes régionaux (Grigg, 1965 et 1967; Nakamura, 1975). Il peut s'agir soit de régionalisation typologique, soit de régionalisation individuelle, soit de systèmes régionaux généraux ou spécifiques.

Quelques bons exemples de typologies et de classifications régionales, obtenues grâce au processus d'agrégation d'éléments spatiaux, ont été présentés à la fin de la première partie de ce livre et notamment par les figures 16, 18 et 20. Ce rapide panorama sur les diverses formes de classification confirme l'affirmation de Johnston (1968) selon laquelle la classification est un processus subjectif, malgré l'objectivité apparente des techniques employées. Les décisions subjectives du chercheur concernent la classe des données collectées, la forme de l'analyse et les paramètres exacts à utiliser. Malgré de telles difficultés, son utilisation à l'intérieur de la méthode scientifique est indispensable. Elle permet, en effet, de donner un nom aux classes, de transmettre de l'information et, surtout, de procéder à des généralisations inductives.

Traitement graphique de l'information

Il faut aussi mentionner une des formes les plus connues de représentation de l'information géographique, à savoir la représentation cartographique. Cette cartographie doit être comprise dans un sens large, c'est-à-dire incluant les figures, les diagrammes, les graphiques et même les mosaïques faites avec des photographies aériennes ou avec des images satellites, ainsi que les maquettes tridimensionnelles.

Traditionnellement, on considère la carte comme le moyen privilégié de l'information géographique. Wooldridge et Gordon East (1957) la définissent comme l'avenue, par excellence, du géographe dans la recherche de ses problèmes. Rimbert (1964) précise ces idées quand elle signale que «la cartographie offre au géographe un triple instrument d'étude: un instrument d'analyse, par exemple par la mise en place de tous les points où se manifeste, sous une apparence donnée, tel phénomène... un instrument d'expérimentation, par la combinaison de deux ou plusieurs cartes d'analyse on peut voir s'il existe ou non des «corrélations» entre les distributions données... un instrument de synthèse, c'est-à-dire une carte où sont regroupées plusieurs cartes d'analyse qui ont montré avoir des relations entre elles, et d'où sont éliminés les facteurs qui n'interviennent pas dans le phénomène étudié...».

À ce niveau de notre ouvrage, nous sommes davantage concernés par la capacité qu'ont les cartes d'exprimer visuellement les résultats d'un certain traitement des données géographiques. Il peut s'agir de cartes monothématiques destinées à représenter les variations spatiales d'un seul élément étudié par le chercheur géographe. C'est le cas typique d'une carte d'isothermes, c'est-à-dire une carte climatique montrant la distribution des températures à travers un espace donné, et ce par le biais de ces lignes plus ou moins sinueuses qui relient des points ayant les mêmes valeurs thermiques et que l'on nomme isothermes. On trouve beaucoup d'exemples de ce genre dans la cartographie climatique. De la même manière, une carte d'isochrones va délimiter des espaces, à l'intérieur d'un certain territoire, en fonction du temps de parcours nécessaire pour aller d'un point à l'autre. Il y aura également les cartes de densité démographique, de répartition spatiale des forêts boréales de conifères, de localisations industrielles, des résultats électoraux, etc., etc. Bref, on peut dire que toutes (ou presque toutes) les informations géographiques ayant trait à une quelconque distribution spatiale feront l'objet d'une représentation cartographique sous la forme de cartes monothématiques. Il suffit de pouvoir bien localiser les données ponctuelles sur un fond de carte et de trouver une modalité graphique suffisamment claire pour l'utiliser avec profit dans le dessin des lignes et des espaces de la carte finale.

Dans cette cartographie monothématique il y a lieu de distinguer une variété s'imposant de plus en plus en vue de quelques usages bien précis. Il s'agit de la représentation topologique de l'espace. Elle résulte principalement de l'application en cartographie de la théorie des graphes et du principe de la connectivité des phénomènes. Il s'ensuit une certaine déformation de l'espace normal affectant les superficies (carte de population où la superficie de chaque pays est fonction de ses habitants) ou les distances (réseau d'autoroutes, système de métro ou de téléphone) (figures 29 et 30).

Il existe aussi les cartes de synthèse où des phénomènes de caractères différents sont mis en relation conceptuelle et spatiale. En géomorphologie, ce sont les cartes classiques où topographie et information géologique se combinent pour faciliter l'interprétation morphologique de l'espace géographique. En climatologie, la cartographie de synthèse gagne du terrain à la faveur de nouvelles conceptions scientifiques fondées sur la notion d'unité des phéno-

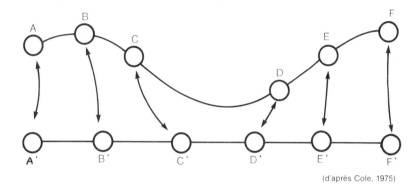

(d'après Cole, 1975)

Fig. 29 Transformation topologique du tracé A-F en ligne A′-F′

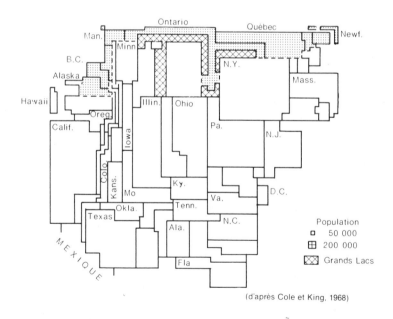

(d'après Cole et King, 1968)

**Fig. 30 Carte topologique des États-Unis et du Canada (en pointillé).
La surface de chaque État ou province est proportionnelle
à sa population**

mènes atmosphériques. Ainsi, dans ce domaine particulier de la géographie, la climatologie synthétique impose une cartographie synthétique. La carte climatique détaillée de la France en est justement un bon exemple. Il y a, en plus, la cartographie synthétique de l'occupation humaine telle que (très bien) expliquée par Barrère et Cassou-Mounat (1972) à propos d'une carte de synthèse du Sri Lanka. Selon les auteurs cités, la synthèse cartographique élémentaire est rendue possible grâce à une schématisation préliminaire, réalisée simultanément par changement d'échelle, choix des éléments représentés et généralisations des contours. Par-dessus cette schématisation, il y aura superposition de signes tirés d'autres cartons, pour finir — si nécessaire — par des commentaires basés sur des documents d'appui.

Actuellement, la cartographie de synthèse donne lieu à une cartographie dynamique cherchant à incorporer la dimension temporelle dans la confection des cartes. C'est ainsi qu'une équipe de l'Institut de Géographie de l'Université de Caen (France) a cartographié l'évolution de certaines variables environnementales. La même expérience a été tentée par les géographes de Tbilisi (URSS) quant aux comportements des géosystèmes. L'expansion urbaine, les mouvements migratoires ou les changements de paysage géomorphologique sont autant de thèmes se prêtant aujourd'hui à des essais de représentation cartographique de type dynamique. Les résultats déjà atteints illustrent la versatilité de ce mode d'expression des géographes modernes.

Ces nouvelles orientations de la cartographie sont facilitées par la transformation technique expérimentée, ces dernières années, dans cette spécialité. En effet, la cartographie est passée d'une étape artisanale (avec des manifestations artistiques à l'occasion) à une étape de haute technologie grâce à l'introduction des ordinateurs. La cartographie assistée par ordinateur permet de résoudre divers problèmes au niveau de la compilation et de l'emmagasinage, ainsi qu'au niveau de son traitement graphique. C'est ici que les approches dynamiques trouvent un terrain de choix pour s'enrichir et se systématiser davantage (Rimbert, 1968).

Les figures, les graphiques et les diagrammes complètent très bien les cartes dans cette fonction de représentation des données géographiques (Monkhouse et Wilkinson, 1971). Ces formes de représentation graphique traduisent divers contenus susceptibles de se rencontrer dans une bonne recherche géographique. On a déjà évoqué l'analyse quantitative des séries chronologiques de données utilisées fréquemment par les chercheurs géographes. En climatologie, l'étude des tendances pluviométriques peut donner lieu au tracé des courbes simples montrant le changement année après année des totaux pluviométriques. Mais, en plus, il est possible de tracer une courbe «traitée» à partir des moyennes quinquennales mobiles, pour aboutir, finalement, au tracé de la «droite de tendance» qui reflétera de façon très claire, mais fort schématique, le comportement des précipitations annuelles tout au long d'une certaine période, avec possibilité d'en faire quelques prédictions (figure 31).

La même procédure s'applique lorsqu'il s'agit de séries chronologiques ayant trait à l'évolution du trafic de passagers ou de marchandises par un port, un aéroport ou un passage douanier, ou encore quand il s'agit de la progression de la production du vin en France, du soja au Brésil ou du riz dans la plaine du Mekong.

Le profil du gradient du chemin de fer entre deux villes anglaises, les profils des plages du Chili central, la corrélation entre le contenu en carbonate de calcium de l'eau de karst et le temps d'infiltration, l'analyse fréquentielle des précipitations mensuelles mesurées dans les Alpes maritimes françaises, la succession des types de temps au sud-est du Brésil, l'utilisation du sol en Colombie-Britannique (au

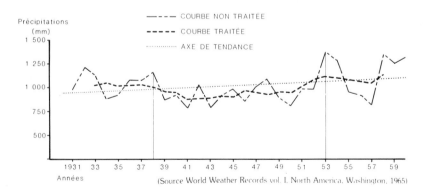

Fig. 31 Évolution temporelle des précipitations à Block Island (États-Unis) : période 1931−1960

Canada), le commerce international de la bauxite, la structure d'âge de la population nicaraguayenne, la mortalité par choléra en Inde, les fonctions économiques des villes moyennes en Pologne, etc., tous ces sujets et beaucoup d'autres font l'objet de représentations sous la forme de graphiques ou figures rectangulaires, circulaires ou triangulaires, en suivant de courbes arrondies ou brisées, dans des diagrammes en coordonnées cartésiennes ou polaires... Bref, il existe toute une panoplie de possibilités techniques dont un très bon échantillon peut être examiné dans l'ouvrage déjà cité de Monkhouse et Wilkinson (1971), ou bien dans ceux de Barrère et Cassou-Mounat (1972) ou encore de Brunet (1967) et dans tant d'autres manuels disponibles sur le marché, sans compter la multitude de représentations de ce genre que l'on découvre à la lecture de tout livre ou article scientifique de géographie.

Parmi ces figures, nous voulons faire ressortir un type spécial constitué par les dessins en trois dimensions, dont les exemples les plus connus relèvent de la géomorphologie et de la géographie humaine (les blocs diagrammes). Le bloc diagramme en géomorphologie est un auxiliaire efficace dans l'interprétation morphologique et il se place avantageusement entre la carte topographique et la maquette tridimensionnelle. Il permet, de plus, une meilleure synthèse graphique des données relatives aux formes du terrain et de celles concernant leur structure géologique (figure 32). De leur côté, la valeur marchande des terrains et/ou des propriétés d'une ville ou la structure d'âge d'une population urbaine peuvent faire aussi l'objet d'un mode de représentation semblable, avec l'aide précieuse de l'ordinateur (figure 33). Les détails qu'une représentation plane aurait cachés deviennent alors beaucoup plus évidents et suggestifs.

Enfin, les photographies aériennes et les images satellites peuvent donner lieu à des montages qui permettront de mieux apprécier la structure d'une perturbation atmosphérique et de ses changements de journée en journée ou de mieux montrer les formes superficielles d'un vaste territoire tel que le Nord du Québec. Les maquettes tridimensionnelles joueront aussi un certain rôle dans la description visuelle des résultats obtenus dans des recherches géomorphologiques, bien que leur volume plutôt encombrant semble les destiner davantage aux démonstrations pédagogiques qu'à leur insertion dans un quelconque rapport scientifique.

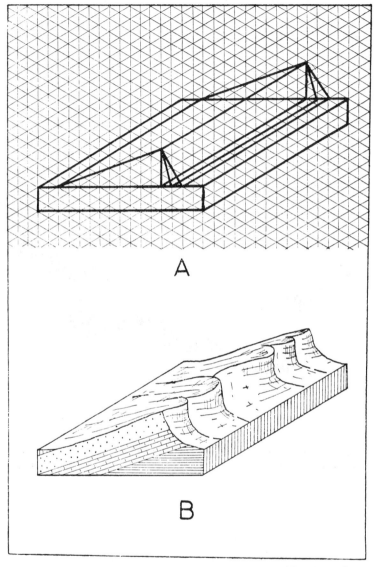

(d'après Monkhouse et Wilkinson, 1971)

Fig. 32 Bloc diagramme isométrique

D. Généralisation et explication des résultats

La démarche empirique de vérification des hypothèses aboutit lorsque les données sont compilées, classées, décrites et analysées, c'est-à-dire, lorsque le chercheur a produit des résultats «finals» grâce aux opérations qu'il a menées en vue de la collecte et du traitement de l'information factuelle.

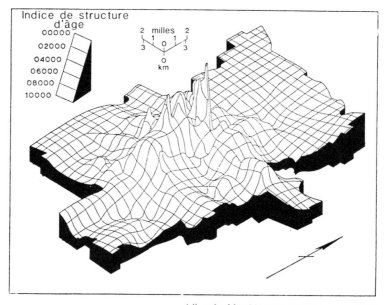

(d'après Monkhouse et Wilkinson, 1971)

Fig. 33 Diagramme tridimensionnel montrant la distribution isométrique de l'indice de structure d'âge à Kansas City (États-Unis)

Ces résultats feront l'objet d'un rapport scientifique et les conclusions en découlant seront comparées avec les hypothèses formulées au départ afin de confirmer (ou d'infirmer) leur validité (figure 34). Si ces hypothèses sont confirmées, la recherche aura atteint le but prévu et la théorie sous-jacente en sortira enrichie. Si, au contraire, il n'y en a pas confirmation, le modèle théorique original devra être revisé (voire modifié) et, éventuellement, la stratégie empirique de recherche pourra être, elle aussi, réexaminée.

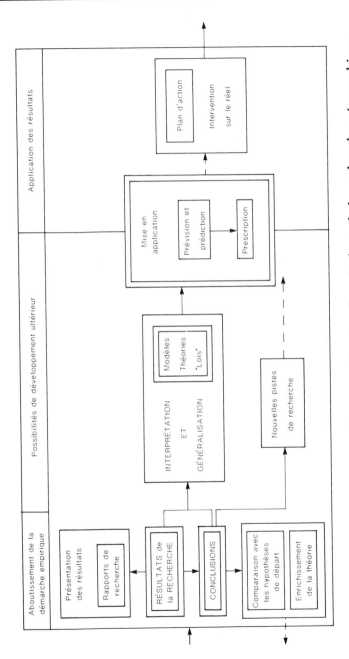

Fig. 34 Généralisation, explication et application des résultats de la recherche géographique

107

Nous sommes ainsi rendus aux étapes de **l'interprétation** et de **la généralisation** des résultats des recherches scientifiques en géographie. C'est ici que se pose à nouveau l'un des problèmes les plus déroutants pour les géographes : la géographie, comme les autres sciences, peut-elle développer la connaissance de principes, de lois et de vérités générales ou, au contraire, doit-elle se cantonner dans la description d'innombrables espaces uniques? Est-elle nomothétique (recherche des lois générales) ou idéographique (étude intensive de cas individuels)? Dans toutes les branches de la science, la capacité à établir des concepts génériques et des lois scientifiques sûres et utiles dépend du nombre de cas identiques disponibles à l'observation et à la classification, de la relative simplicité des facteurs en relation et, enfin, du degré avec lequel l'interprétation requiert une analyse des facteurs sous-jacents.

Dans la démarche classique, le principe de **l'explication** géographique est à peu près le suivant : on part des faits observés, on porte son effort sur des paysages régionaux et, par de multiples études locales ou régionales, on établit des lois générales. Parmi les procédés de généralisation utilisés en géographie, on retient le procédé d'extension-localisation et le procédé de comparaison-analogie. Le premier retient l'extension et la répartition de faits (l'aire géographique de la culture des oranges, par exemple) tandis que le second regroupe des faits dissociés pour en extraire des combinaisons locales. Des faits dissociés comme les Appalaches, le massif Armoricain et les Ardennes font tous preuve d'un parallélisme des crêtes. On en conclut à une généralisation morphologique que l'on dénomme structure appalachienne. Ces procédés sont toujours dominés par l'explication, c'est-à-dire par une démarche remontant aux causes. L'identification de complexes de même ordre, la confrontation de phénomènes situés sur un même plan utilisent le raisonnement déductif. On pose les traits généraux puis on détermine les grands groupes. Souvent, l'intuition entre en ligne de compte et se présente comme une hypothèse de travail.

Toutefois, la portée de la forme traditionnelle d'explication en géographie se heurte à certains blocages. D'une part, comme on le voit aisément, il n'y a aucun procédé expérimental et, d'autre part, l'importance du facteur humain est cause d'indétermination. Ces blocages ont sauté par les effets de la mutation théorique et quantitative en géographie. Les problèmes de traitement de masse ont été résolus par l'usage de vastes matrices de données. Ce sont, par exemple, les tableaux rectangulaires où sont disposés, à l'horizontale, les lieux de base et, à la verticale, les caractères. Ce sont aussi les tableaux carrés où sont disposés, à l'horizontale et à la verticale, les lieux ou unités élémentaires. Les cases portent la valeur des flux qui les unissent. La matrice est alors l'équivalent logique des cartes de flux. Tout cela est évidemment rendu possible par l'utilisation de l'ordinateur.

La géographie moderne s'est engagée dans l'établissement de **lois**. Il faut relever la différence fondamentale qu'il y a entre l'établissement d'un fait et l'établissement d'une loi : les faits peuvent être confirmés alors que les lois peuvent ne pas l'être. L'évidence de l'existence d'un fait particulier est obtenue par l'observation alors que l'évidence de l'existence d'une loi n'est pas aussi facile à obtenir. La principale méthode pour obtenir des lois est ce qu'on appelle **l'inférence**. C'est un processus par lequel on arrive à une conclusion par un raisonnement logique. L'inférence part des faits et on l'utilise fréquemment pour obtenir une explication. Voici à titre d'exemple, un type d'inférence : soit deux distributions spatiales A et B, A est la distribution des X et B est la distribution des Y. Après des observations répétées sous diverses conditions et en divers endroits, on suppose que l'occurrence d'un élément de A est invariablement reliée à l'occurrence d'un élément de B. Supposons ensuite qu'après un grand nombre d'observations, il est possible de conclure que la distribution A est reliée à la distribution B. Dès lors, la généralisation devient un exemple du premier type d'inférence mentionné ci-dessous, c'est-à-dire une induction. En se servant de ce type de raisonnement, on peut atteindre une conclusion de nature générale après deux distributions basées sur des observations répétées, en diverses circonstances et en divers lieux, sur le comportement des occurrences spécifiques de X et Y.

Ces lois scientifiques engendrées en géographie à partir de la stratégie inductive de recherche doivent être définies essentiellement comme des «propositions statistiques de très haute probabilité» ou comme des «propositions légaliformes». Au milieu d'un débat où les contradictions sont nombreuses (Hartshorne, 1959 ; Schaefer, 1953 ; Anuchin, 1977 ; Guelke, 1977), nous affirmons qu'il est possible d'incorporer dans le bagage conceptuel de la discipline géographique une série d'énoncés ou de lois. Leur objectif est celui de montrer les cadres de distribution et d'interrelation de différentes classes d'événements dans l'espace géographique et d'expliquer les causes d'une telle organisation spatiale.

Les principaux types de «lois» en géographie sont les suivants : lois transversales, lois d'équilibre, lois historiques, lois de développement, lois statistiques et lois de processus.

a) Une **loi transversale** établit les connexions fonctionnelles entre les valeurs que plusieurs variables recouvrent en même temps. Pour chaque X, X est A si seulement X est B. Ce type de loi est fréquent en géométrie : pour chaque triangle, un côté du triangle n'est pas plus petit que la différence et pas plus grand que la somme des deux autres côtés. En géographie, un bon exemple de loi transversale est formé par les travaux de Christaller : partout où se rencontre un lieu urbain de taille A, il y aura F (A) fonctions urbaines associées à lui.

b) La **loi d'équilibre** établit que du changement surviendra si la connexion que la formule d'équilibre établit ne s'obtient pas. Ce type de loi est surtout statique et, en un sens, imparfaite car elle indique ce qui arrivera si les conditions sont remplies mais ne dit pas ce qui arrivera si les conditions ne sont pas remplies. Ce type de loi est utilisé en géographie pour définir l'interaction entre lieux, aires d'influence, arrière-pays... La plupart du temps, la situation d'équilibre est utilisée pour définir les limites où la force attractive d'un centre est égale à celle d'un autre centre. Ainsi la loi de Fetter sur les limites d'aires de marché : si $(P_1 + TC_1)$ est le coût d'une marchandise livrée à un client à partir du centre A et $(P_2 + TC_2)$ le coût d'une marchandise livrée à un client depuis le centre B, dès lors la limite d'aire de marché entre A et B se localisera au point où $(P_1 + TC_1) = (P_2 + TC_2)$. Comme on le voit, cette loi a des implications spatiales considérables.

c) La **loi historique** est l'appellation donnée à un certain type de généralisation fondée non pas tant sur le fait que les circonstances sur lesquelles elle est structurée résident dans le passé, mais plutôt que la loi se conforme à un certain schéma s'ordonnant sur le temps. Par exemple, étant donné les éléments A, B et C d'un système, le schéma d'une loi historique s'énonce ainsi : si B est maintenant et A est plus tôt, donc C est plus tard; ou encore, si B est maintenant, donc A est plus tôt que C. Beaucoup de thèmes géographiques s'inscrivent dans la portée de cette loi (croissance démographique, assolements de culture, pente des versants, migrations...). En ce qui concerne, par exemple, la localisation des industries, une loi historique typique est la suivante : si les employés d'une industrie X sont localisés près du phénomène Y à un temps tn et si les employés de la même industrie sont adjacents à la même classe de phénomènes à des époques antérieures tn — 1, tn — 2..., donc les employés d'une industrie X seront localisés près du phénomène Y à un temps tn + 1. La capacité de prédiction d'une telle loi est souvent dépendante d'un ensemble d'énoncés surbordonnés accompagnant l'énoncé principal. Il faut ainsi prendre en considération le changement technologique, la mobilité de la main-d'oeuvre, le renouvellement des ressources...

d) La **loi de développement** s'établit de la façon suivante : soit B maintenant, donc A plus tôt et successivement C et D plus tard. Cela veut donc dire que si un système d'un genre donné a le caractère B à une certaine époque, donc il aura eu le caractère A dans des conditions normales à une époque antérieure et il aura successivement plus tard les caractéristiques C et D. La loi de la croissance économique de Rostov, les processus de diffusion sont des généralisations de cette loi. La loi de transition démographique peut s'énoncer ainsi : si un pays Z à un temps t^0 a un fort taux de natalité et un fort taux de mortalité, donc aux temps t^1 et t^2 respectivement, il aura sous des conditions normales successivement un fort taux de natalité avec un faible taux de mortalité puis un faible taux de natalité et un faible taux de mortalité.

e) La **loi statistique** établit que chaque membre d'une classe d'objets a le caractère A, donc une certaine proportion p ($0 < p < 1$) des objets a le caractère B. Si une classe donnée a N membres, donc N_1 de ses membres ont le caractère B où N_1 = (p.N). Par exemple, soit N = 100 et p = 0,5, donc dans un certain nombre de k — classes (dans lesquelles chaque membre illustre A), chacune des k — classes devra avoir N_1 = 50. La technique de la loi statistique est couramment employée en géographie, notamment dans les domaines touchant les migrations intranationales. Si une émigration se produit depuis la ville A, alors 70 à 80 % des destinations seront à l'intérieur d'un rayon de 50 kilomètres de A. À partir des renseignements antérieurs sur les caractéristiques de la ville A et sur l'espace dans lequel elle réside, l'on peut faire l'hypothèse suivante : si l'émigration se produit dans une ville de taille A dans un espace avec les caractéristiques (k, f et g), donc 70 à 80 % des destinations s'effectueront dans un rayon de 50 kilomètres de la ville d'origine.

f) Enfin, la **loi du processus** permet de fournir une explication sur d'autres énoncés ou d'autres lois. Par exemple, on suppose qu'on observe que deux faits 2X et 3Y sont situés côte à côte à un endroit spécifique. Donc, l'explication, soit de Y, soit de X, procède déductivement par la loi d'association : là où est 2X se trouve également 3Y. Fait observé : 2X est au point A. Conclusion : 3Y est au point A. Si quelque relation causale est connue entre 2X et 3Y, il est donc possible d'énoncer que 3Y s'obtient à la localisation A comme résultat de la présence de 2X. Dans les deux exemples, l'existence de 3Y est expliquée parce que la loi d'association reliant 2X à 3Y est connue. Cette loi donne raison à l'existence de 3Y.

Cette capacité de la géographie en matière d'établissement de lois n'est pas autre chose qu'une confirmation de sa condition de science. M. Bunge (1972) le signale clairement dans son livre sur la méthode et la philosophie de la science. La connaissance scientifique est systématique et générale; elle place les énoncés particuliers à l'intérieur de schémas plus larges. Le chercheur s'occupe du fait singulier seulement s'il est un élément d'une classe ou d'une loi. La connaissance scientifique recherche des lois et les applique. Enfin, la science est explicative : elle cherche à expliquer les faits en termes de lois, et les lois en termes de principes. De cette exigence ne peut échapper la géographie pour autant qu'on puisse reconnaître à cette dernière son statut scientifique.

La généralisation et l'explication géographiques s'effectuent aussi par d'autres moyens dont **les modèles** que l'on peut définir comme des versions simplifiées (sélectives) de la réalité (Chorley et Hagget, 1967, FitzGerald, 1975; Cicéri, Marchand et Rimbert, 1977).

Les fondements de la construction de modèles reposent sur l'observation et la description des régularités. La perception du réel est doublement filtrée par l'auteur et par ses instruments d'argumentation et de représentation. Le modèle permet de faire ressortir plusieurs faits cachés car la théorie donne une mesure aux faits exceptionnels et permet de les reconnaître et de classer les faits d'observation empirique et de calculer et prévoir les faits inconnus. Le modèle est toujours une reconstruction du monde qui obéit à une logique reconstituant celle du réel. De ce fait, le modèle permet de prévoir des mécanismes d'enchaînement et ainsi il peut agir opérationnellement. Le modèle permet donc de remonter des faits singuliers aux différentes structures générales qui les intègrent de façon logique, en mesurant le degré de qualité des résultats obtenus (Racine, 1969).

Le modèle mathématiquement construit permet de dominer l'analyse des problèmes de corrélations. Comme acquis théorique, il se relie à l'observation empirique. Confronté à la réalité, il débarrasse les faits communs pour mieux dégager les faits spécifiques puis les résultats sont rattachés aux schémas généraux d'explication élaborés par la réflexion théorique. Le modèle apporte un formidable enrichissement à la recherche géographique dans la mesure où il permet des remises en cause, des nuances ou des précisions; le particulier ne prenant de sens que rapporté au général. Qu'il suffise de penser à tout ce qu'a pu apporter le modèle de Christaller dans l'avancement de la géographie urbaine, économique et sociale (Durand-Dastès, 1974; Racine, 1974).

À part le modèle de Christaller et celui également classique et bien connu de Von Thünen, beaucoup d'autres ont été élaborés dans tous les domaines de la géographie. Il suffit, par exemple, de mentionner les modèles des structures urbaines selon Burgess (1925), Hoyt (1939), Harris et Ullman (1945) et Kariel et Kariel (1972) (figure 35) ou ceux de la circulation générale de l'atmosphère selon Halley (1686), Hadley (1735), Rossby (1941) et Palmén (1951) (figure 36).

Mais il n'y a pas que les modèles graphiques en géographie. On trouve aussi d'autres modèles iconiques, tels que les cartes, et les modèles de nature verbale, ainsi que ceux de nature mathématique. Parmi ces derniers, nous pouvons citer à titre d'illustration le modèle de gravité ou gravitationnel, dont la version géographique est la suivante:

$$I_{ij} = a \cdot \frac{P_i \, P_j}{(d_{ij})^b}$$

où les symboles signifient:

I_{ij}, interaction prévue entre i et j, deux centres donnés

P_i, P_j, les populations des deux centres au sens statistique de «population»

d_{ij}, la distance en km séparant les deux centres

b, exposant variable (généralement 2)

a, un coefficient variable (un scalaire, dépendant des diverses unités utilisées)

D'une telle formulation générale, on peut tirer des expressions mathématiques (en fait, deux autres modèles secondaires) pour

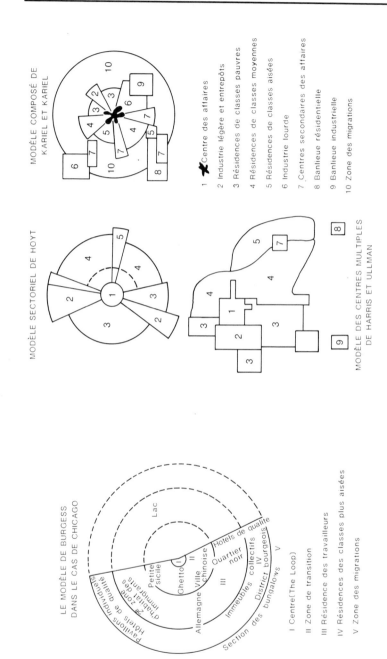

MODÈLE COMPOSÉ DE KARIEL ET KARIEL

MODÈLE SECTORIEL DE HOYT

MODÈLE DES CENTRES MULTIPLES DE HARRIS ET ULLMAN

LE MODÈLE DE BURGESS DANS LE CAS DE CHICAGO

Lac

Petite sicile
Ghetto I
Ville Chinoise
Allemagne
Immeubles collectifs
District bourgeois
Section des bungalows
Pavillons individuels
Hôtels de qualité
de zone d'habitat des immigrants
Quartier noir
Hôtels de qualité

I Centre (The Loop)
II Zone de transition
III Résidence des travailleurs
IV Résidences des classes plus aisées
V Zone des migrations

1 Centre des affaires
2 Industrie légère et entrepôts
3 Résidences de classes pauvres
4 Résidences de classes moyennes
5 Résidences de classes aisées
6 Industrie lourde
7 Centres secondaires des affaires
8 Banlieue résidentielle
9 Banlieue industrielle
10 Zone des migrations

(d'après Bailly, 1973, et Kariel et Kariel, 1972)

Fig. 35 Différents modèles des structures urbaines (en pays développés)

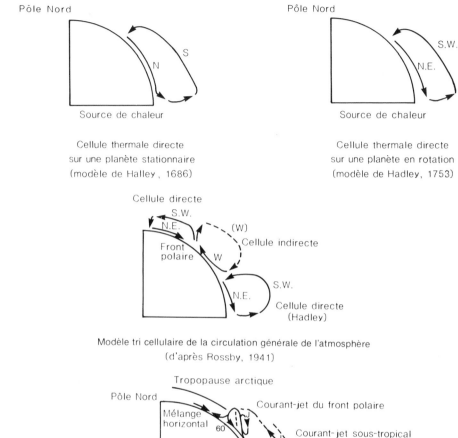

Fig. 36 **Quelques modèles explicatifs de la circulation générale de l'atmosphère**

décrire la force d'attraction théorique et le flux de communications, dont l'application a permis l'analyse et la prédiction du trafic routier et des flux téléphoniques entre Montréal et plusieurs villes anglophones du Canada (Cicéri, Marchand et Rimbert, 1977).

115

Le recours aux lois et aux modèles sous-tend le vigoureux développement contemporain des **théories** géographiques, dont les travaux pionniers de W. Bunge (1966), Abler, Adams et Gould (1971), Amedeo et Golledge (1975) et Anuchin (1977), ont souligné l'importance. Cette dimension théorique de la géographie n'est pas à confondre avec un objectif ambigu et nébuleux ou avec une possible «inutilité» de la géographie. Pour W. Bunge, la théorie scientifique est formée de l'union d'un système logique (apporté par les mathématiques et la logique) et les faits définis et observés d'une façon opérationnelle.

La géographie classique s'affichait surtout comme une conception raisonnée du monde : description la plus exacte possible du réel et analyse de l'évolution des formes du paysage et des organisations territoriales. La nouvelle géographie s'intéresse beaucoup plus à l'explication logique qu'à la reconstitution historique et c'est pourquoi elle se veut d'abord et avant tout une interprétation théorique des phénomènes spatiaux. Ceci explique pourquoi la méthode hypothético-déductive se substituant à l'induction est maintenant si répandue en géographie. Des tests opératoires de vérification permettent de confirmer ou d'infirmer la théorie. Par ailleurs, les mécanismes d'ajustement et de régulation du milieu physique et du milieu humain permettent de montrer certaines régularités. Celles-ci aboutissent à des théories explicatives où les principes fondamentaux sont posés (Claval, 1977).

La géographie théorique est donc contre l'exceptionnalisme, c'est-à-dire contre cette tendance inhérente à la géographie classique voulant que chaque objet d'étude géographique soit un cas unique à la surface du globe (Schaefer, 1953). À la démarche intuitive et subjective de la discipline classique, la géographie théorique oppose l'application systématique des procédures méthodologiques dégagées par la réflexion épistémologique. Mais, comme l'ont fort bien fait remarquer Claval et Racine, les pistes de recherche en géographie ont abouti à un faisceau de théories s'attachant aux différentes facettes de l'analyse géographique. Ces pièces sont évidemment utilisables pour la construction d'une **théorie générale de la géographie** qui n'a pas encore vu le jour et qui reste à faire. La place que les méthodes quantitatives ont prise en géographie ne s'explique que par le lien obligatoire qu'elles ont avec la théorie. En effet, leur but est de vérifier la validité des schémas théoriques tandis que la construction de modèles suppose l'emploi d'un appareil mathématique qui en permet la formalisation (Claval, 1972).

L'infirmité de la géographie classique était son incapacité à généraliser. La monographie régionale était une sorte de système clos, une mise au point générale, une synthèse encyclopédique, une conclusion plus qu'une progression, une démonstration d'une vaste culture chez l'auteur. L'originalité de la géographie théorique repose sur une réflexion sur les idées directrices (les théories), sur la conception de méthodes et sur la mise au point de procédés et de techniques.

Qui plus est, grâce aux «lois», aux modèles et aux théories, la **prévision** en géographie est maintenant possible. On a mis au point, par exemple, des techniques montrant la dynamique spatiale des minorités ethniques dans les grandes métropoles, le développement résidentiel dans les franges péri-urbaines, l'altération dans l'utilisation du sol, l'impact des transports... La prévision est un énoncé partiel sur des fragments du futur. L'extrapolation spatiale dans le futur nécessite un changement d'échelle. La futurologie soude le passé, le présent et le futur dans une structure cohérente. Ses relations avec les sciences sociales et son potentiel vis-à-vis de la géographie forment une base non négligeable pour le développement d'une futuristique géographique. Quels changements d'échelle et de vision la recherche géographique pourrait-elle subir? Quelles issues méthodologiques surgiront de la planification géographique? Quelles sous-branches de la géographie émergeront quand les géographes commenceront à prévoir l'évolution de l'organisation spatiale? Actuellement, les études de redistribution de population, les préoccupations sur la qualité future de l'environnement, les études d'impact de la congestion urbaine sur les espaces ouverts forment des thèmes importants pour la futurologie géographique. Des modèles de transformation spatiale ont été mis au point et permettent de mieux cerner désormais l'impact spatial des innovations, notamment dans le domaine urbain.

Jusqu'aux années récentes, les géographes avaient largement détourné leur attention des domaines d'étude orientés vers le futur car ils semblaient être intimidés par les dimensions du temps alors qu'ils ne l'avaient pas été par celles de l'espace. Or, la planification régionale et l'aménagement du territoire auxquels les géographes sont partie prenante les ont amenés à s'engager dans des recherches axées sur le futur.

À côté de la prévision, les géographes (et les scientifiques en général) peuvent s'aventurer utilement sur le terrain de la **prédiction**. En fait, tout chercheur — grâce à la connaissance scientifique — peut transcender la masse des faits empiriques et imaginer comment peut avoir été le passé et/ou comment pourra être l'avenir (M. Bunge, 1972). La prédiction scientifique permet le contrôle et même la modification du cours des événements. Par opposition à la prophétie, elle s'appuie sur des lois et sur des informations fiables relatives à l'état des choses du présent ou du passé.

L'importance du processus de prédiction est fondamentale en géographie. Qu'arrive-t-il lorsqu'une prédiction induite d'un ensemble de prémisses devient vraie ou fausse? Si la prédiction devient vraie, la généralisation peut donc être ultérieurement confirmée. L'énoncé est strictement correct à la seule condition que le raisonnement soit logique, les arguments valides et les faits impliqués soient vrais. Il est possible d'établir des prédictions correctes en se servant d'arguments invalides. Beaucoup d'énoncés devenus lois ont, par ailleurs, survécu sur la base de prédictions correctes mais ont été par la suite réfutés à cause d'irrégularités dans leurs antécédents ou dans leur structure logique. Si la prédiction est fausse, trois explications sont alors possibles : l'argumentation n'est pas valide, la généralisation est fausse ou l'énoncé de fait utilisé pour la prédiction est faux (Golledge et Amedeo, 1968). En tout cas, ce qui est vraiment important lors de prédictions qui s'avèrent erronées, c'est leur perfectibilité, c'est-à-dire, leur capacité d'amélioration ou de correction, en nous permettant, du même coup, d'atteindre une intelligence plus profonde des événements.

Au-delà de la prédiction et de la prévision, les résultats de la recherche scientifique permettent la formulation de **prescriptions** ou de recommandations qui aideront à résoudre différents problèmes du «réel quotidien». C'est ce que dit Berry (1973) pour qui la géographie moderne est reliée à la gestation des décisions environnementales. C'est aussi ce que soutient Anuchin (1977) pour qui l'importance pratique de la géographie va de pair avec une large connaissance des complexes territoriaux de l'environnement géographique.

Ces raisonnements nous amènent à poser le thème de l'utilité et du rôle social de la géographie, thème sur lequel il conviendra de revenir dans la dernière partie du livre.

Troisième partie

La présentation des résultats de la recherche géographique : le rapport de recherche

La présentation des résultats de la recherche géographique : le rapport de recherche

Tout au long des pages précédentes de ce livre, on a longuement traité des procédures et des principes les plus usuels et respectés dans toute recherche géographique de type scientifique. Une fois cette recherche terminée, il faut passer à l'étape de la présentation des résultats. La forme de cette présentation dépendra du type de recherche effectuée (fondamentale, appliquée, méthodologique). Elle découlera également des objectifs poursuivis par l'auteur (devoir scolaire, obtention d'un diplôme universitaire, approfondissement d'une matière scientifique...) et du public visé par cette recherche (professeurs, responsables, grand public...).

Même si les types de rapport sont extrêmement variés, les grandes étapes de préparation et les techniques de présentation finale se ressemblent. Dans les pages suivantes, l'intérêt central est d'apporter quelques idées utiles en vue de la présentation des travaux de recherche des étudiants de géographie du premier cycle.

Chapitre 1

Les types de travail et de rapport de recherche

1) Les programmes de premier cycle en géographie exigent fréquemment des étudiants la réalisation de **travaux de session**, de longueur variable selon les normes d'évaluation posées par chaque professeur. Il s'agit de travaux s'effectuant à l'intérieur de cours semestriels ou annuels.

Il serait déplacé de prétendre à ce que de tels rapports débouchent sur des résultats scientifiques vraiment originaux. Normalement, cela se limite à des travaux de révision et d'analyse bibliographiques. Parfois, certains cours se prêtent à de courtes recherches, un peu plus originales, sur la base du traitement d'enquêtes ou de travaux de terrain. Dans toutes ces situations, la responsabilité essentielle incombe au professeur qui transmet ses instructions à l'ensemble du groupe et se charge de les faire exécuter. L'organisation du plan et les aspects matériels de la présentation suivent les mêmes critères qui seront exposés plus loin.

2) Au terme des études de premier cycle en géographie, certaines universités exigent la présentation d'un **mémoire** découlant d'un travail de recherche. Le thème en est choisi par l'étudiant, soit par affinité avec une matière spécifique, soit comme résultat de son passage par un stage de formation professionnelle.

Ce libre choix du thème de recherche, la complexité voire la longueur du travail sont, parfois, la cause d'une certaine difficulté éprouvée par l'étudiant à terminer son mémoire dans un délai raisonnable. Si l'on regarde les choses en face, une telle difficulté est surtout d'ordre psychologique et ne fait que retarder indûment la fin des études universitaires et l'obtention du diplôme de bachelier en géographie. Ceci est d'autant plus vrai qu'un mémoire, malgré sa complexité relative, n'est que le résultat d'un travail de synthèse et d'application des connaissances que l'étudiant doit avoir acquises tout au long de ses études régulières.

Ce type de travail devient plus exigeant lorsque l'étudiant (dans un deuxième cycle universitaire) est appelé à rédiger une **thèse de**

maîtrise en géographie. C'est la culmination d'un processus de mûrissement intellectuel devant être prouvé par le biais d'une recherche originale. L'étudiant met alors en évidence une somme considérable de connaissances et de concepts de même que sa propre «maîtrise» des outils et techniques de recherche. On attend de lui la production de résultats nouveaux quant au contenu inédit de sa thèse ou quant à l'originalité de son cadre méthodologique.

3) L'étudiant de niveau avancé en géographie (maîtrise ou doctorat) et, à plus forte raison, le géographe déjà diplômé, pourraient vouloir présenter quelques résultats de leurs recherches sous la forme **d'articles scientifiques**.

Par rapport aux types antérieurs de rapports de recherche (mémoires et thèses), un article scientifique se caractérise par sa brièveté et par une plus grande spécificité. En général, un article aborde un aspect ponctuel de la recherche ou d'un thème. Un bon article scientifique doit permettre, pour le lecteur, de répondre facilement aux questions qu'il se pose... Comment et par qui la recherche a-t-elle été réalisée? Quels sont les définitions, les concepts et les hypothèses employés par l'auteur? Quelles méthodes et techniques de recherche utilise-t-il? Comment arrive-t-il à de tels résultats? De quelle manière relie-t-il les résultats avec les aspects techniques de la recherche et avec les conclusions et méthodes d'autres recherches semblables? Quelles questions demeurent sans réponse? Quelles nouvelles pistes de recherche peut-on poursuivre? En somme, un article scientifique devrait se construire et se présenter suivant la structure générale de la procédure de recherche que nous avons détaillée dans les chapitres précédents. C'est ainsi qu'on comprend mieux et qu'on peut bien appliquer une grille d'analyse des articles scientifiques en géographie telle celle proposée par Kariel et Kariel (1972) et à laquelle nous avons fait allusion antérieurement.

4) Les **rapports techniques** concernent particulièrement les géographes oeuvrant au sein d'organismes où l'on fait de la géographie «appliquée». Ici convient-il de mettre à nouveau en relief l'opinion d'un haut fonctionnaire de la direction générale des Terres du Canada (E.W. Manning, 1983) en relation avec l'importance de la capacité des jeunes géographes pour la planification de la recherche. Un volet important de cette capacité a trait, justement, à la qualité des rapports techniques faisant état des résultats de cette recherche, et ceci dans le but de leur utilisation immédiate de

la part d'autres intervenants dans le processus de prise de décisions au sujet du problème étudié. Des responsables de bureaux privés de «géographes-conseils» confirment de tels jugements et insistent sur la nécessité de pouvoir compter, dans les équipes de bureaux, sur des géographes capables de préparer rapidement des rapports techniques de qualité.

Ces rapports doivent être bien écrits et bien illustrés avec cartes et figures abondantes et pertinentes. Ils doivent recouvrir les quatre grands aspects suivants : le problème, la méthode, les données de base et les relations logiques entre les faits sans oublier leur interprétation (Gopal, 1970). De par sa nature même, le rapport technique doit inclure, dans sa partie finale, une section importante destinée aux prévisions, prescriptions et recommandations découlant de la recherche effectuée et du type de problème que l'on cherche à résoudre.

Chapitre 2

La préparation du rapport de recherche

A. Le plan d'écriture

Bien que cela puisse paraître, à première vue, un exercice inutile, l'expérience confirme l'importance de préparer un bon plan du contenu du rapport que l'on va écrire. Selon le type de rapport, cette structure peut varier : synthèse régionale, analyse thématique ou systématique, évaluation des techniques, théories et modèles, révision de la littérature spécialisée, solution de problèmes (Durrenberger, 1971). Un plan n'est pas immuable. Il peut changer au fur et à mesure de la rédaction pour différentes raisons : nouveaux renseignements, nouvelles connaissances, nécessaires ajustements... Il y a parfois des différences notables entre la première version d'un texte et sa version finale parce que de nouveaux points de vue se sont ajoutés en cours de route.

Un bon plan d'écriture permet de gagner du temps dans la mesure où s'établit une séquence logique de toutes les étapes et des contenus de l'information. De même, le plan assurera la cohérence interne du mémoire, de l'article ou de la thèse à rédiger.

Gopal (**op. cit.**) suggère un modèle de plan d'écriture dont les grands traits principaux sont les suivants :

1. Préface (remerciements, etc.)
2. Introduction (formulation du problème)
   2.1 Nature du problème
   2.2 But, ampleur et méthode générale de la recherche
   2.3 Hypothèses de la recherche
   2.4 Résultats de la recension des écrits et orientations subséquentes
3. Description (détaillée) de la méthodologie utilisée
   3.1 Définitions, concepts et instruments de travail
   3.2 Description des méthodes et des techniques de recherche
   3.3 Type de données recueillies
   3.4 Suppositions initiales et limitations dans l'application de la méthodologie choisie

4. Présentation des résultats
   4.1 Classe et quantité de résultats obtenus
   4.2 Analyse statistique ou descriptive des résultats selon le type de recherche
5. Discussion des résultats
   5.1 Corrélation entre les résultats obtenus et les données empiriques sur lesquelles ils s'appuient
   5.2 Limites, distorsions possibles ou alternatives dans l'interprétation des résultats
   5.3 Comparaison avec les résultats obtenus dans des études semblables
6. Conclusions et recommandations
7. Résumé et appendices (s'il y a lieu)
8. Bibliographie

Dans la planification d'un rapport de recherche, il faut tenir compte du facteur temps. Il est prudent de se fixer des dates limites pour chaque partie constitutive du travail. En géographie, il est bon aussi de prévoir d'avance le support graphique du texte. Malgré des ajustements postérieurs possibles, l'auteur a tout intérêt à programmer de façon opportune le nombre et le type de tableaux, figures, cartes illustrant le rapport. Une liste préliminaire de tous ces matériaux de référence devrait être prête avant le démarrage de la rédaction.

B. La première version

Les méthodologues anglo-saxons sont très favorables à une rédaction par étapes, dont la première correspond à une sorte de brouillon contenant les éléments essentiels du texte définitif, bien que susceptibles d'être corrigés et remaniés en profondeur.

Pour se lancer dans la préparation d'une première version, il ne suffit pas d'avoir élaboré un bon plan d'écriture. Il faut, de plus, avoir en main toute la matière première alimentant le rapport de recherche : fiches de lecture, résultats de l'analyse empirique, tableaux, photographies, cartes... Tout ce matériel est agencé selon la séquence des différentes parties du plan d'écriture. Préalablement, il doit donc avoir fait l'objet d'une certaine forme de classification et de repérage facilitant la localisation.

La rédaction initiale du rapport incluera toutes les idées pertinentes surgissant de la lecture critique du matériel. Normalement, chaque paragraphe du texte contient une idée principale, développée sous forme complète avec une certaine longueur. La suite des paragraphes donnera graduellement forme aux sections ou aux chapitres du document. Les uns et les autres doivent garder leur cohérence interne de façon que le lecteur ne coure pas le risque de rencontrer des idées semblables éparpillées un peu partout dans le texte du rapport.

En fait, les objectifs de cette première version du rapport visent la compréhensibilité et la prise en considération de toutes les données importantes, la précision et l'exactitude de l'information, la cohérence et la logique des idées exposées. Dans tout cela, la compréhensibilité et la cohérence sont les caractéristiques les plus importantes. Le respect de ces critères amène l'unité interne du document et en facilite la lecture.

Selon ce plan d'écriture, la rédaction du corps principal du document commence avec **l'introduction** destinée à présenter au lecteur le contenu essentiel du rapport. On expose la nature du problème étudié ainsi que son importance scientifique et pratique. Pour mieux appuyer ces explications, on résume les principales conclusions obtenues dans d'autres travaux similaires ou convergents.

L'introduction fait aussi une place importante à l'énoncé des hypothèses de recherche de manière à orienter déjà le lecteur dans la direction choisie par l'auteur du travail. D'ores et déjà on peut même avancer quelques résultats découlant de l'analyse empirique. Et, par dessus tout, l'introduction définira clairement le caractère géographique de l'étude réalisée, de façon à ne laisser à personne un doute quelconque sur la pertinence du travail par rapport à la discipline géographique.

D'un point de vue strictement opérationnel, l'introduction (malgré son nom) est à rédiger en dernier lieu afin de pouvoir mieux coordonner son contenu avec toutes les parties constitutives du rapport. Ainsi, elle peut beaucoup mieux jouer son rôle de guide et de motivation dans la lecture du texte.

Les méthodes et les procédures de recherche font l'objet de la deuxième grande partie du manuscrit. En plus d'une explication et d'une justification de l'approche méthodologique globale que l'auteur a choisie (ce qui peut exiger le recours à une nouvelle recension des écrits, relatifs cette fois-ci aux questions techniques de la recherche), on décrira dans cette section le processus de recherche ainsi que les instruments dont on s'est servi pour le mener à bien. Si la recherche est fondée sur des travaux d'enquête par échantillonnage, il convient alors d'expliquer ici les techniques d'échantillonnage et les types de données collectées à travers eux. Rien n'empêche d'inclure dans cette section une analyse critique des techniques utilisées, ce qui permet d'avertir le lecteur de leurs limites possibles.

Malgré son grand intérêt général, cette présentation méthodologique de la recherche peut se réduire à quelques éléments essentiels. C'est le cas lorsque la recherche a une diffusion réduite ou lorsqu'elle sert pour une application immédiate dans des organismes privés de géographes-conseils ou dans des régies publiques consacrées aux questions de l'aménagement du territoire.

En revanche, si la recherche se fait dans un but académique (mémoire ou thèse de maîtrise) ou de publication dans une revue scientifique, les explications méthodologiques auront une plus grande place et une raison d'être plus évidente, parce qu'elles serviront à mieux appuyer les résultats atteints et à mieux enchaîner cette recherche avec d'autres, antérieures ou à venir.

En un ou plusieurs chapitres, la section suivante contient la **présentation des résultats** destinés à prouver les hypothèses initiales. C'est à ce stade qu'on introduit la plus grande partie des tableaux, figures, cartes et photographies et tout autre moyen graphique servant à mettre en forme une information plus circonstanciée et systématique. Mais il ne faut utiliser que les moyens graphiques réellement indispensables. «Une image vaut mille mots», mais à condition que l'image soit bien faite, qu'elle soit bien placée dans le contexte et qu'elle remplace vraiment les «mille mots». Un danger auquel on ne peut pas toujours échapper est celui d'inclure des images (ou des tableaux) qui s'additionnent aux mots et qui ne les remplacent pas : il y a alors un double emploi de moyens qui ne fait que surcharger le texte du rapport.

Les résultats sont aussi objet d'une **discussion** en profondeur afin d'obtenir le plus possible de renseignements pour la meilleure précision possible. «Il s'agit ici d'expliquer les implications possibles (de la recherche) pour le développement des théories et des modèles, pour les recherches futures, pour la pratique et le développement» (Ouellet, 1981).

Surtout s'il est un jeune chercheur, l'auteur doit se souvenir que les résultats de sa recherche sont comparables à d'autres réalisées sur des thèmes similaires. Sa familiarité avec les publications existantes sur le thème lui permettra d'établir les liens les plus adéquats et les plus fructueux entre ses trouvailles scientifiques et celles de ses autres collègues géographes.

Il doit garder présent à l'esprit l'objectivité des discussions des résultats. Cela lui permettra d'éviter les interprétations erronées ou marginales par rapport à ses hypothèses initiales. Toute cette discussion ne doit pas considérer que les résultats positifs; les résultats négatifs sont aussi valables si les variables ont été contrôlées à la limite des possibilités. Ils font la lumière et sont très utiles pour augmenter les connaissances dans le domaine étudié (Ouellet, **op. cit.**).

La discussion des résultats prépare le passage à la dernière partie du document, c'est-à-dire **la conclusion et les recommandations**. Les trouvailles scientifiques les plus importantes seront mises en relief. On insistera sur la relation entre le modèle théorique initial et les hypothèses. Au fond, c'est le moment où l'auteur pourra reconnaître publiquement le succès de sa démarche, ou bien, tout en avouant un certain insuccès, proposer d'autres voies de recherche en vue de la correction des erreurs commises précédemment.

À ce stade, l'auteur donne forme à ses recommandations et ceci surtout lorsqu'il s'agit d'un rapport technique. En s'appuyant sur les prévisions et prédictions formulées grâce aux résultats obtenus, le géographe sera alors en mesure de proposer, par exemple, des changements dans l'utilisation des sols, dans une certaine politique d'aménagement du territoire, dans l'exploitation d'une certaine ressource naturelle ou dans un projet d'installation d'une nouvelle usine ou école...

Cette dernière partie ne doit pas contenir de nouveaux matériaux de référence. Elle peut être suivie d'un **résumé** du document et des **appendices** nécessaires. Ces appendices contiennent d'habitude des tableaux additionnels, d'autres documents graphiques, les échantillons des enquêtes administrées, etc. Le document se termine par la **bibliographie** sur laquelle des détails seront donnés ultérieurement.

Les sections ou chapitres ainsi identifiés peuvent se rencontrer tout aussi bien dans un long rapport de recherche (monographie, mémoire, thèse...) que dans un article ou une communication scientifique plus brefs. Dans tous ces cas, l'auteur doit développer avec cohérence une argumentation lui permettant de démontrer le bien-fondé de son raisonnement initial, la qualité et la pertinence des données collectées dans le but d'atteindre ses objectifs scientifiques. De cette façon, le rapport de recherche se trouve à un niveau supérieur à celui d'une chronique ou d'un simple ramassis de faits, et dépasse en même temps les spéculations métaphysiques propres à la philosophie, et non à la science.

C. La version finale

Une fois la première version du rapport scientifique dûment corrigée, l'auteur est en mesure d'élaborer sa version finale qui n'est forcément pas la version définitive, toute création humaine étant susceptible d'amélioration constante.

En supposant que le plan d'écriture, les données empiriques, les analyses subséquentes et la rédaction du texte satisfont le chercheur, il lui reste une dernière analyse critique à effectuer avant de livrer le produit de son travail aux autres membres de la communauté scientifique. Avec l'aide de Gopal (1970), Durrenberger (1971), Haring et Lounsbury (1971), nous proposons ci-dessous une liste de questions que le chercheur devrait se poser au sujet de son rapport :

— Le titre couvre-t-il le sujet dans toute son ampleur?
— Les objectifs du rapport sont-ils suffisamment clairs?
— Ces objectifs ont-ils été atteints?
— L'hypothèse initiale était-elle pertinente et bien formulée?
— Le plan de recherche était-il adéquat en vue de l'atteinte des objectifs?
— Le plan d'écriture reflète-t-il d'une façon correcte la démarche scientifique suivie dans la recherche?
— Les parties et sujets contenus dans le plan d'écriture sont-ils bien conçus... répondent-ils à la logique interne de la recherche effectuée?
— Les données empiriques ont-elles été bien analysées et interprétées?
— Les résultats obtenus sont-ils scientifiques?
— Les conclusions et les recommandations découlent-elles naturellement des résultats obtenus?

— Le matériel graphique et les tableaux inclus dans le texte servent-ils à mieux expliquer l'information factuelle?

— Les idées principales ont-elles été bien mises en relief?

— N'y a-t-il pas un accent exagéré mis sur des idées secondaires?

— L'introduction du rapport prépare-t-elle le lecteur à une bonne compréhension de ce qui suit?

— La conclusion conclut-elle, c'est-à-dire le rapport finit-il à sa fin?

— Les paragraphes, les sections et les chapitres du rapport se suivent-ils d'une manière logique?

— Le langage écrit (et graphique) utilisé dans le rapport est-il varié et précis... réveille et garde-t-il l'intérêt du lecteur?

— Le rapport a-t-il été écrit avec le moins de mots possible?

— Le chercheur, en tant que son propre critique, est-il satisfait de son travail et du rapport subséquent?

Si les réponses à toutes ces questions sont positives, la version finale du rapport est déjà prête et il ne reste qu'à la dactylographier. En fait, avant d'y parvenir, il reste à ajouter quelques observations au sujet de la présentation matérielle du document final.

Chapitre 3

Les aspects techniques de la présentation du texte final

Puisque les parties principales d'un rapport de recherche ont été déjà décrites, attardons-nous seulement sur quelques aspects techniques de sa présentation.

A. La page-titre

Cette exigence vaut surtout pour les travaux d'étudiants dans le cadre d'une session scolaire ou au terme du programme (mémoire de fin d'études).

Cette page-titre contient le nom de l'étudiant(e), son programme d'études, le titre du travail (en majuscules), le titre et le sigle du cours, le nom du destinataire (le professeur du cours, généralement), l'établissement universitaire, le lieu et la date [8].

Certains auteurs recommandent l'insertion, immédiatement après la page-titre, d'une **préface** ou d'un **avant-propos** faisant état de considérations générales, tels les remerciements, qui n'ont pas de rapport direct avec le sujet traité. Il est préférable qu'une telle partie vienne après la table de matières et qu'elle y soit clairement mentionnée.

B. La table des matières

Elle fournit les titres des différents parties, chapitres ou divisions de chapitre, avec un renvoi à la page où chaque sujet est traité. Les titres des chapitres sont écrits en majuscules tandis que les divisions internes le sont en minuscules. Pour la numérotation de ces différentes parties on peut choisir un système purement décimal ou une combinaison de chiffres romains ou lettres majuscules et chiffres arabes.

[8] Cette énumération est, à quelques détails près, celle contenue dans le document «Guide de présentation d'un travail de recherche» préparé par le Module des lettres de l'Université du Québec à Chicoutimi en 1979 et dont nous avons tiré plusieurs idées en vue de la rédaction de ce chapitre.

Exemple :

Système décimal	Système combiné
0.0	INTRODUCTION
1.0	Chapitre 1 : LE CLIMAT DU CANADA (généralités)
2.0	Chapitre 2 : LA CONTINENTALITÉ THERMIQUE ET LE CLIMAT
2.1	A. Les processus physiques à la base de la continentalité thermique
2.1.1	1) Le rapport transparence-opacité de l'eau
2.1.2	2) Brassage des eaux
2.2	B. Conséquences climatiques de la continentalité

C. La liste des tableaux et figures

Elle identifie selon les titres respectifs tout le matériel illustratif accompagnant le texte du rapport de recherche. Dans un travail court au niveau du 1er cycle universitaire, l'auteur peut être autorisé à inclure tous les documents graphiques sous la rubrique «figures» avec une seule numérotation corrélative. Dans des travaux plus longs, les tableaux, les cartes, les graphiques et les photographies devraient faire l'objet de listes distinctes. Ces listes auront une présentation similaire à celle de la table des matières, chaque document se reconnaissant grâce à un numéro (normalement en chiffre arabe), à son titre spécifique et à la page à laquelle le lecteur pourra le trouver.

D. Les tableaux et les figures [9]

Dans un rapport dactylographié, les tableaux et les figures sont présentés sur une page distincte suivant immédiatement le texte qui s'y rattache (Goulet, 1984).

[9] Les recommandations contenues ici ont été largement inspirées des directives données aux auteurs-géographes voulant publier des articles dans les revues suivantes : **Zeitschrift für Geomorphologie, Annals of the Association of American Geographers** et **Cahiers de géographie du Québec**.

On nomme tableau toute liste de mots ou de chiffres. Chaque tableau devrait être discuté dans le texte, mais les lecteurs devraient être en mesure de les comprendre sans s'y référer. Les tableaux doivent avoir une forme aussi compacte que possible; ils sont numérotés en chiffres arabes et comportent un titre aussi évocateur que bref. La numérotation et le titre de chaque tableau seront indiqués en haut de la page.

Sous l'appellation de figure, nous regroupons les graphiques, les cartes et les photographies. En général, une bonne figure devrait se suffire à elle-même et se passer d'un commentaire écrit. S'il y en a, la référence à la figure respective se fera à la fin d'une phrase, dans le style : «La carte des précipitations du Saguenay-Lac-Saint-Jean met en évidence l'influence, bien que mitigée, du relief (figure 6)». Chaque figure est numérotée et titrée au bas de la page.

Les graphiques et les cartes doivent être dessinés proprement, à l'encre de Chine. Pour reproduction directe dans une revue ou dans un livre, ils sont envoyés sous forme d'épreuve photographique en blanc et noir et dans la grandeur qui convient au format de la publication concernée. À éviter à tout prix : l'insertion dans un rapport de graphiques ou de carte «au brouillon» ou avec une apparence de ce genre.

Les photographies doivent être nettes et informatives. Elles auront une grandeur appropriée au type de publication envisagé. Normalement en blanc et noir et sur papier glacé, elles seront numérotées et accompagnées d'une légende (dactylographiée sur une feuille à part, si une publication est prévue dans un livre ou dans une revue). La légende sera aussi précise et concise que possible, puisqu'elle doit servir surtout à faciliter une bonne analyse de l'image présentée, laquelle analyse devra être, bien entendu, cohérente avec le texte du rapport.

E. Ponctuation

Dans les parties qui constituent le corps du rapport de recherche (l'introduction et la conclusion y comprises), un aspect technique important à surveiller est celui de la ponctuation conventionnelle (virgule, point-virgule, deux points, point...) et des signes auxiliaires de typographie (tiret, parenthèses, crochets, guillemets...).

L'utilisation des signes conventionnels de ponctuation étant tenue pour acquise, nous allons concentrer notre attention sur les signes dits auxiliaires de typographie.

Le tiret peut servir pour séparer les parties d'une énumération ou pour remplacer les parenthèses dans les phrases incidentes. De leur côté, les parenthèses servent principalement à entourer une phrase ou une explication ajoutée au texte.

Exemple : De grands États ne sont pas fédéraux (Chine, Indonésie) et de petits États ont adopté avec succès la structure fédérale (Suisse, Autriche).

Les parenthèses entourent aussi les chiffres de renvoi ainsi que les références bibliographiques abrégées mentionnées dans le texte même.

Exemple : Nous allons étudier l'évolution des pluies à Cherbourg à l'aide des statistiques fournies par J. Sanson pour la période 1866-1952 (Sanson, 1954).

Nous allons .... 1866-1952 (49).

Finalement, les parenthèses s'emploient pour indiquer, dans certaines bibliographies, l'année de publication d'un ouvrage ou article. Les crochets (ou les lignes s'il s'agit d'un texte dactylographié) sont utilisés tout particulièrement lors de la modification d'une citation, soit par l'ajout ou par le changement d'un terme. Ils s'emploient également avec les points de suspension pour indiquer qu'un mot ou une phrase ont été supprimés d'un texte cité. Enfin, utilisés avec le mot latin **sic**, ils servent à exprimer un désaccord avec le passage cité ou bien lorsqu'une faute de français est celle de l'auteur cité.

Exemple : Nommé secrétaire à la Légation argentine à Santiago du Chili, Estrada [choisit] d'entreprendre l'itinéraire le plus sûr à l'époque.

Tous les cours d'eau du territoire convergait [**sic**] vers l'Amazone.

Les guillemets identifient toutes les citations empruntées directement d'un autre ouvrage, à condition qu'elles ne dépassent pas les cinq lignes. S'il s'agit de citations plus longues, elles se placent en retrait à interligne simple; dans ce cas, les guillemets sont inutiles.

La ligne pointillée remplace un ou plusieurs paragraphes retranchés d'un texte cité, tandis que le trait de soulignement met en évidence les mots étrangers, les expressions ou phrases d'une importance particulière, les titres de monographies et les noms de revues.

Exemple : Les cités américaines, fondées ou recréées par les **conquistadores**, continuent à nous poser des questions.

F. Les citations

Une citation est un texte emprunté à un auteur autre que celui du texte principal, et ceci dans le but de le rapporter comme preuve à l'appui ou comme justification de certaines opinions.

Les citations doivent être transcrites sans altérer leur sens ou leur orthographe. Elles ne seront jamais ni trop nombreuses ni trop longues, à moins qu'elles fassent partie d'un travail critique des points du vue d'un auteur particulier.

Les particularités techniques de l'insertion des citations dans un rapport de recherche ont été, en grande partie, présentées ci-haut à propos de l'emploi de certains signes auxiliaires de typographie, notamment les guillemets, les crochets et les points de suspension. Nous ajouterons cependant quelques réflexions au sujet des citations en langue étrangère qui seront, elles aussi, transcrites fidèlement, entre guillemets et dans le texte principal (si elles sont courtes) ou en retrait et sans guillemets (si elles sont plus longues). Dans tous les cas, de telles citations doivent faire l'objet d'une traduction la plus exacte possible qui ira, soit entre les guillemets et entourée de parenthèses, soit dans une note infra-paginale. En fait, il n'y a rien de plus agaçant que de trouver dans un rapport, de longues citations en langue étrangère sans traduction, dont le lecteur, peu familier avec une telle langue, ne comprendra ni la portée ni la pertinence.

G. Notes et références

Les notes ont pour but de confirmer ou de compléter le texte. Elles peuvent être indiquées au bas de la page (les notes infra-paginales) ou à la fin du rapport (ou de chaque chapitre de celui-ci). Bien qu'une bonne place pour une note au bas d'une page soit difficile à prévoir, d'où la tendance actuelle à les regrouper à la fin du texte, la première modalité nous paraît préférable. Le lecteur retrouvera immédiatement le paragraphe additionnel qui élargira sa connaissance du sujet analysé.

Les notes aident aussi à éclaircir des points litigeux, des distorsions apparentes, ainsi qu'à mieux différencier la contribution originale de l'auteur de celle d'une autre personne. Dans tous les cas, le texte principal doit contenir, à la place adéquate, un signe renvoyant le lecteur à l'endroit où il pourra lire la note pertinente. En général, ce signe est un chiffre arabe (rarement un astérisque) surélevé. Si les renvois de ce type sont nombreux, il vaut mieux recommencer leur numérotation au début de chaque chapitre du rapport.

Les références indiquent, de leur côté, la source d'où a été tiré un texte, une citation ou une idée assimilée au texte principal, et dont on veut donner crédit à son auteur (Gravel, 1980). Les références vont, habituellement, en bas de page, bien qu'ici aussi il y ait une certaine tendance à les placer ensemble à la fin de chaque chapitre ou du rapport, avec les mêmes difficultés de lecture mentionnées ci-haut au sujet des notes.

Lorsqu'une référence est notée pour une première fois, elle doit être complète, c'est-à-dire, avec mention des prénom et nom de l'auteur, titre et sous-titre soulignés (s'il s'agit d'un livre) ou titre entre guillemets (pour les articles), adresse bibliographique (c.-à-d. lieu, éditeur et année d'édition, pour les livres) ou titre du périodique souligné (dans le cas d'un article), et référence au tome, volume, chapitre (ou numéro, suivi de l'année de publication, dans les cas d'articles) et page.

Exemples : André-Louis Sanguin, **Géographie politique**, Paris, Presses Universitaires de France, 1977, p. 79.

Orlando Peña, «Proposition et vérification d'une classification génétique des climats chiliens». **L'Espace Géographique**, vol. XI, no 4, 1982, p. 308.

Lorsqu'une référence doit être immédiatement répétée, on emploie **ibid.** (**ibidem**) souligné, avec indication de page seulement s'il s'agit d'une page différente. Lorsqu'une référence est répétée après en avoir indiqué d'autres, on emploie **op. cit.** (**opere citato**, s'il s'agit d'un livre) ou **loc. cit.** (**loco citato**, s'il est question d'un article de périodique). Si la référence est répétée au moins quatre pages plus loin de l'emploi précédent, on doit indiquer à nouveau le nom de l'auteur suivi des autres données de la référence originale (ou d'une partie significative de celles-ci), avant de noter la nouvelle pagination.

H. La bibliographie

La bibliographie peut être «de travail», c'est-à-dire exister dès le début de la recherche. À ce moment-là, elle sert de guide et d'appui au chercheur. Il peut s'agir aussi d'une bibliographie finale, c'est-à-dire préparée à la toute fin du rapport. Dans cette seconde alternative, la bibliographie aide le lecteur qui cherche à augmenter ses connaissances sur un certain thème. De plus, elle donne du poids spécifique et de la crédibilité au document puisqu'elle montre la profondeur et l'étendue du travail accompli par le chercheur.

On peut sélectionner la bibliographie finale en n'incluant que les références les plus importantes consultées par l'auteur. On peut aussi la classer en ordre alphabétique ou par type de documents... L'insertion de toutes ces références doit obéir à certaines règles dont quelques-unes ont déjà été mentionnées à propos des notes et références.

On pourrait ajouter, dans le cas des références aux livres ou monographies, que si ceux-ci font partie d'une collection, elle devrait être indiquée, soit immédiatement après la maison d'édition, soit à la fin de la référence, mais toujours entre parenthèses, le titre de la collection se plaçant à l'intérieur des guillemets.

Lorsqu'une édition n'est pas la première, on indique son numéro après le titre de l'ouvrage, en ajoutant le(s) qualificatif(s) approprié(s) : nouvelle, augmentée, corrigée... Si la date ou le lieu d'édition n'apparaissent pas, on indique s.d. (sans date) ou s.l. (sans lieu) ou, encore, s.l.n.d. (sans lieu ni date).

Pour ce qui est de la mention de l'année d'édition d'un ouvrage, une tendance de plus en plus répandue veut que cette information soit incorporée à la référence immédiatement après le nom de l'auteur et entre parenthèses.

Dans la bibliographie finale, le nom de l'auteur précède son prénom, celui-ci écrit en entier ou indiqué seulement par sa lettre initiale. S'il y a plus d'un auteur, le deuxième (et le troisième, éventuellement) apparaît avec son nom dans l'ordre normal. S'il y a plus de trois auteurs, la référence ne contient que le nom du premier suivi de l'expression **et al. (et alii)** soulignée.

Exemple : Isnard, H., J.-B. Racine et H. Reymond (1981), **Problématiques de la géographie**, Paris, Presses Universitaires de France (coll. «Le géographe»), 262 pages.

Les articles de périodiques sont identifiés selon les règles générales déjà mentionnées. Puisqu'il s'agit de la bibliographie finale, les noms des auteurs précèdent leurs prénoms, et la pagination du document est complète, c'est-à-dire elle identifie la première et la dernière page de l'article consulté (... p. 307-315, pour l'article de Orlando Peña que l'on vient de montrer en exemple). Pour un article de journal, le lieu de publication s'ajoute au titre, entre parenthèses, en plus de la date complète de la publication (jour, mois et année).

Les thèses de maîtrise ou de doctorat inédites pouvant être citées dans les références bibliographiques, sont traitées d'une façon différente de celle utilisée pour les ouvrages édités en bonne et due forme. Dans ce cas-ci, après le nom de l'auteur et le titre de la thèse, on doit indiquer qu'il s'agit d'une thèse (de maîtrise ou de doctorat, selon le cas) en géographie (ou dans une autre discipline). Suivent le nom de l'université et l'année de soutenance et d'approbation de la thèse.

Les règles précédentes n'ont pas un caractère absolu, quelques-unes comportant des variantes plus ou moins importantes. Ce qu'il faut retenir, comme les auteurs du guide du Module des lettres de l'UQAC le soulignent, c'est qu'il importe avant tout de se conformer du début à la fin d'un rapport écrit de recherche à la règle de son choix et de n'en point déroger.

Quatrième partie

L'application de la géographie

Chapitre 1

De la théorie à la pratique

Antérieurement, dans ce livre, il a été fait largement mention de la généralisation, des modèles, des théories et des lois dans le processus scientifique de la géographie. Tout ce processus amène nécessairement à l'étape de la «prévisibilité», c'est-à-dire à la capacité de prédiction ou de prévision de conduites spatiales possibles en ce qui concerne la géographie. Dans la mesure où une telle prévision ou prédiction est faisable, la géographie peut devenir un objet ou un instrument d'application. Effectivement, à partir d'une proposition générale, il est possible d'arriver au traitement normalisé de cas particuliers. Il s'agit au fond de l'opposition entre le point de vue nomothétique et le point de vue idéographique, c'est-à-dire entre la géographie conçue comme la recherche de lois générales ou comme l'étude intensive de cas particuliers. Quand nous pouvons construire une théorie à propos d'un certain phénomène, celui-ci est général. Mais si nous ne pouvons pas le faire, le phénomène est unique. Comme il ne peut être expliqué, sinon décrit exhaustivement, il manque de profondeur dans le sens d'une formulation de propositions ou de lois.

Pendant longtemps, la géographie a évolué dans le cadre de l'analyse de phénomènes uniques, principalement dans les études régionales. Chaque région était traitée comme un cas spécial. Par conséquent, la projection des résultats de telles recherches ne pouvait dépasser le cadre physique du territoire analysé. Dans sa perspective la plus moderne, la géographie ne peut être une discipline particulière avec des objets uniques ou exceptionnels parce que cela contredirait la condition scientifique qui la définit et qui l'apparente aux autres sciences entretenues par l'homme.

Équipée de théories, de modèles et de lois, la géographie peut nous aider à déterminer ce qui se passe dans le monde où nous vivons et à prendre des décisions reliées aux changements nécessaires pour l'améliorer. En particulier, les géographes peuvent rectifier les incongruités et disfonctions spatiales existantes. Ainsi peuvent-ils développer une action préventive contre de possibles incompatibilités spatiales dans le futur. Pour les géographes, autres scientifiques et autres professionnels, la demande pour des activités de diagnostic, de prescription et de prévention est identique. La communauté aspire à la conservation et à l'amélioration de la qualité générale de la vie. La participation de la géographie est fondamentale dans l'atteinte de cet objectif. Ainsi, la géographie tend à devenir, comme le note W. Bunge, une matière d'étude clairement reliée à la survie (W. Bunge, 1973).

De sorte que, de manière apparemment paradoxale, la géographie se fait davantage appliquée et applicable en même temps qu'elle se fait plus explicative. En d'autres mots, plus grande est la force théorique de son discours, meilleure est sa capacité d'action pratique.

Le Comité de Géographie du Conseil National de Recherche ainsi que l'Académie Nationale des Sciences des États-Unis publièrent en 1965 un document sur «la science de la géographie» (National Academy of Sciences-National Research Council, 1965). On y apprend que la géographie fait face à une possibilité extraordinaire de développement dérivé de diverses circonstances convergentes, dont la suivante: «la nécessité vitale de comprendre le mieux possible tous les aspects du système homme/milieu naturel, y compris les distributions spatiales, à travers le monde». Pour la première fois, il existe un langage commun de type mathématique pour toutes les sciences et des techniques très puissantes d'analyse systémique de problèmes. Même si elles datent de plus de vingt ans, ces considérations gardent toute leur valeur à l'intérieur de beaucoup de groupes de travail de la communauté géographique mondiale. Elles reflètent les traits essentiels de la géographie scientifique et permettent les meilleurs liens entre la théorie et la pratique. Bien plus, le même document reconnaît que la nécessité sociale de la connaissance des relations spatiales entre l'homme et son milieu naturel augmente à mesure que le monde se fait plus peuplé et plus complexe. Dans de telles conditions, le développement de conceptions et de techniques de réorganisation spatiale est vital.

Quelques années après cette publication, Taaffe prépara pour le Conseil de Recherches en Sciences Sociales des États-Unis un rapport sur les orientations les plus importantes dans la géographie nord-américaine du début des années soixante-dix (Taaffe, 1970). Chisholm réalisa un travail similaire pour un organisme homologue du Royaume-Uni (Chisholm, 1971). Le résultat commun de ces descriptions fut l'identification de plusieurs domaines très importants de travail : analyse de localisation, perception spatiale, problèmes urbains, écologie humaine, classifications régionales, développement socio-économique à connotation territoriale. Un peu plus tard, Albaum effectua, pour la géographie nord-américaine, un recensement semblable mais davantage polémique car insistant sur des thèmes de transformation de la société : pauvreté et ghettos urbains, détérioration de l'environnement, croissance et pression de la population (Albaum, 1973). Quelles que soient les différences de positions, la complémentarité de la théorie et de la pratique géographiques surgit comme une nécessité et une réalité indissoluble.

Dans un autre contexte et dans une perspective légèrement différente, Anuchin (1977) souligne l'importance concrète de la géographie, particulièrement évidente «à l'époque du socialisme, quand l'application pratique de la recherche géographique n'est pas contrecarrée par le mode de propriété privée des moyens de production». En URSS, l'application de la recherche géographique intégrée (de type pratico-scientifique) est liée à la nécessaire solution de problèmes théoriques dont l'un des plus importants concerne l'unité de la géographie.

Cette préoccupation pour le rôle social et l'application de la géographie «intégrée» est partagée par des géographes français comme Lacoste (1984) et Tricart (1984). Le premier insiste sur le fait que la fonction sociale et scientifique des géographes contemporains passe par un «savoir penser l'espace terrestre». Ils pourront ainsi «rendre compte de l'enchevêtrement spatial de différentes catégories de phénomènes et de mouvements d'envergures diverses, sur des territoires d'inégale ampleur, de façon catégories que les entreprises humaines puissent y être menées ou organisées plus efficacement».

C'est ici que «l'unité de la géographie» prend toute sa valeur en tant que définition théorique et épistémologique et que l'approche systémique assume toute son importance méthodologique. Dans cet esprit justement, Tricart (**op. cit.**) a établi les bases de l'écogéographie, une construction transdisciplinaire qui intègre et spatialise l'environnement écologique tout en répondant, selon l'auteur, aux exigences de son aménagement. Et voilà un autre «mot magique» pour ce qui est de l'application de la géographie : l'aménagement de l'environnement, du territoire, de l'espace...

Par rapport à cette conception aménagiste de la géographie, des pas en avant ont été réalisés par tous les pays ci-dessus mentionnés et d'autres, notamment ceux où la géographie a atteint une certaine crédibilité auprès des pouvoirs publics et des organismes privés. Selon Phlipponneau (1960), c'est dans ce domaine où le géographe peut montrer pleinement ses deux qualités essentielles : le sens de la synthèse et le sens de l'espace. Sa formation lui permet (dans le cadre de la planification rurale, urbaine ou régionale) d'interpréter les apports de disciplines convergentes orientées vers les nécessités scientifiques et sociales de la communauté.

La géographie appliquée est, donc, une géographie «intégrée» (c.-à-d. unie), théorique, «aménagiste» et au service de la société.

Nous essayerons de mettre en relief toutes ces caractéristiques, et d'autres, lors de l'analyse que nous ferons dans les pages suivantes de trois domaines d'application préférentielle de la géographie contemporaine : l'aménagement du territoire (et la planification régionale), l'évaluation des ressources naturelles et les études d'impact sur l'environnement.

Chapitre 2

Les principaux domaines d'application de la géographie

A. L'aménagement du territoire et la planification régionale

C'est vers le milieu du XIXe siècle que les premières protestations contre l'anarchie et le désordre spatiaux apparaissent : un mouvement de sensibilité esthétique et d'harmonie paysagère poussa à faire des problèmes de l'espace quelque chose d'important. Les réformateurs britanniques de la fin du siècle dernier ont apporté une dimension nouvelle dans les idées modernes occidentales : plus important que la refonte de la société et des rapports entre classes sociales constitutives est le remodelage du milieu dans lequel on vit à des fins plus esthétiques et épanouissantes. En d'autres termes, la réforme n'est pas seulement sociale mais aussi géographique.

La planification et l'utilisation de l'espace ne sont pas seulement la projection d'un rêve dans le futur, elles sont surtout une organisation rationnelle et intelligente du futur selon une approche prudente et ordonnée. Les réalisations spatiales envisagées s'intégreront-elles bien dans le paysage? Le perturberont-elles ou lui permettront-elles le retour à un équilibre harmonieux et esthétique? Ainsi, l'urbanisme, au sens large, désigne l'ensemble des techniques d'aménagement d'un territoire. Il existe donc un besoin de connaissances géographiques utilisables permettant la projection dans l'avenir. De rétrospective, la géographie est devenue prospective.

Les politiques de l'espace ne forment pas pour autant un corps de doctrines, de systèmes et d'institutions permanentes. Elles s'expriment par des directives de circonstance dont l'amalgame évolue sans cesse. Il arrive souvent que la planification spatiale soit le fruit du rattrapage plus que le résultat d'une vision esthétique. Le déséquilibre est, sans aucun doute, une seconde notion centrale éclairant la planification et l'utilisation de l'espace : il faut rectifier autant que construire le territoire puisque les tensions régionales forment le ressort essentiel et permanent des politiques territoriales. Dans les faits, ces tensions sont les diverses manifestations des déséquilibres spatiaux qui s'appellent peuplement et emploi, niveaux et conditions de vie, types de consommation, équipement, régions inférieurisées... L'atténuation des tensions est bien au centre de la complexité de la géographie volontaire.

Le pouvoir politique consiste à prendre des décisions dont les applications s'exercent sur un territoire donné. Ceci explique pourquoi les politiques d'État sont fondamentalement géographiques dans la mesure où leur objectif premier est de contribuer au bien-être et à la prospérité des différentes composantes spatiales du territoire national. On comprend aisément pourquoi le système politique crée des territoires fonctionnels par la mobilisation, l'allocation et la redistribution de ressources et de population dans une région donnée. Les actions et les décisions des pouvoirs politiques, locaux ou régionaux, sont nécessairement responsables de l'apparition d'un paysage; en d'autres mots, l'État est un faiseur de paysage par différentes politiques comme la planification régionale, l'utilisation du sol, les transports et services publics. Les rizières en terrasses de l'Asie des Moussons tout comme les deux transcontinentaux ferroviaires au Canada témoignent, à leur manière, d'une gigantesque mobilisation politique collective pour transformer le paysage.

La géographie, comme partie prenante à l'aménagement de l'espace, permet des études de situation comportant la définition de rapports de force vis-à-vis desquels se déterminent des choix et des actions. Ceci explique pourquoi la géographie détient une portée utilitaire et que des demandes de service et des offres de contrat s'adressent aux géographes en provenance d'aménageurs publics ou privés. Lorsqu'il s'agit d'exécuter un programme d'aménagement, il faut trancher parmi une gamme de choix. Le choix final s'appuie sur une réflexion mûre et un solide motif. Le géographe propose des options et les responsables publics passent à l'application. Si, en cours d'application, de nouveaux problèmes se posent, le géographe intervient de nouveau comme technicien des rapports régionaux et locaux (George, 1961).

L'aménagement de l'espace évolue entre les deux repères que sont le déterminisme et le volontarisme (Veyret — Verner, 1973). Dans une certaine mesure, tout aménagement est conditionné par la nature puisque toute atteinte trop grave à l'environnement risque de provoquer des déséquilibres à la société. Cette position est celle des écologistes; elle déborde maintenant jusqu'aux pouvoirs publics qui, en bon nombre d'États, imposent des études d'impact sur l'environnement préalables à tout programme d'aménagement. Le relief, les sols, le climat, l'eau restent, pour beaucoup, l'élément de base de l'aménagement du territoire. À côté du déterminisme physique, le poids de l'histoire forme le principal aspect du déterminisme humain. À l'autre extrême, le volontarisme s'appuie sur le fait que le progrès technique est capable de modifier presque entièrement le milieu naturel. Le dogme du volontarisme est à peu près le suivant : on peut vaincre la nature à condition d'y mettre le prix. Il faut aménager le présent en fonction de l'avenir et les leçons du passé sont plus gênantes qu'utiles. Mais il faut reconnaître que le volontarisme a ses limites dans des régions densément peuplées surtout lorsqu'on y rencontre, soit une vieille civilisation rurale, industrielle ou urbaine, soit une forte personnalité ethnique.

Entre les nécessités du déterminisme et les bienfaits du volontarisme, le chemin est parfois étroit. Certes, les techniques modernes permettent d'atténuer les contraintes du relief, du climat et des sols mais tout aménagement doit en tenir compte. Il y a plusieurs équilibres entre la nature et l'homme correspondant à des étapes et des techniques différentes. Il est des secteurs d'aménagement où le déterminisme perd du terrain. D'une part, la maîtrise de l'eau devient un phénomène de plus en plus courant (navigation, hydroélectricité, irrigation, pompage, drainage). D'autre part, les transports modernes constituent un autre défi au déterminisme car, par leur variété et leur puissance, ils réduisent l'isolement et modifient les localisations industrielles. Enfin, les grandes plaines et les régions pionnières sont des espaces favorables au volontarisme où les contraintes du déterminisme sont faciles à surmonter (Brésil, URSS, Amérique du Nord). Mais il est des secteurs et des espaces où le volontarisme a ses limites imposées par trois facteurs impératifs. D'une part, les fortes contraintes du relief et du climat restent importantes. Enfin, le coût des opérations d'aménagement demeure un élément restrictif. Les problèmes de pollution, de contraintes, de limite de sites, de respect de l'histoire et d'environnement rural doivent se soumettre à un certain déterminisme.

Tout ceci explique pourquoi l'aménagement de l'espace est toujours un compromis et pourquoi les méthodes aménagistes sont d'une extrême complexité.

B. L'évaluation des ressources naturelles

Les événements géographico-physiques acquièrent leur condition de ressources naturelles, principalement à partir du développement de formes particulières de perception environnementale. On sait depuis toujours que les gisements minéraux constituent une variété importante de ressources naturelles. Or, certains types de minéraux n'ont commencé à servir de sources de richesse pour une communauté que quand cette dernière en eut saisi la valeur économique (uranium ou pétrole actuellement). De la même manière, le climat constitue une ressource naturelle uniquement dans la mesure où une communauté est en condition d'en tirer tous les bénéfices.

Chorley (1971) propose cinq étapes dans l'évaluation des composants géographico-physiques de l'environnement de façon à viabiliser leur interprétation comme ressources naturelles. En premier lieu, il suggère l'examen des opportunités présentées par le milieu physique dans ses aspects morphométriques, climatiques, hydrologiques, géologiques, biogéographiques, ayant une importance directe pour l'homme. Ensuite, on situe les niveaux où l'homme met en jeu ses habiletés pour percevoir comment exploiter le milieu ambiant. Puis, on aborde les effets d'une telle exploitation dans la distribution spatiale de l'homme et de ses activités pour terminer avec l'étude des effets de la distribution des activités humaines dans le géosystème. Dans cette étape finale, des problèmes comme la contamination environnementale, la conservation et la réutilisation des ressources naturelles acquièrent une importance considérable. Tout cela converge vers la nécessité croissante d'élaborer et d'appliquer différents schémas de planification et de réorganisation de l'espace.

Dans le modèle de Chorley, l'idée d'unité et d'interprétation mutuelle des composants physico-humains de la géographie est continuellement présente. Ce même concept est présenté par Saa (1976) sous la forme d'une évaluation intégrée des ressources naturelles. Cela consiste à étudier chacune des ressources naturelles dans une région, à analyser les interrelations existantes et à obtenir des conclusions sur l'utilisation des ressources de façon à ce que l'exploitation de l'une d'entre elles ne détériore pas les autres. Il s'agit d'obtenir le développement le plus harmonieux possible. La valorisation du rôle de l'homme dans ce développement oblige à prendre en considération les données sur la population, la force de travail, les communications, la propriété, l'usage actuel et le potentiel des ressources disponibles (figure 37).

Ce souci d'intégration de l'ensemble des composantes du milieu environnant que l'on découvre de plus en plus dans les recherches géographiques concernant les ressources naturelles se retrouve dans l'étude de Monteiro (1976) sur le rôle des événements climatiques dans l'organisation de l'espace dans l'État de Sao Paulo, au Brésil. Selon Monteiro, l'espace géographique pauliste est considéré comme un système organisé dans lequel l'atmosphère, par ses effets sur l'énergie solaire, assume la condition d'environnement dynamique, consommateur d'énergie et sur lequel l'homme manque de pouvoirs de contrôle. Les associations des autres éléments naturels et leur transformation par les agents anthropiques constituent une structure d'organisation fonctionnelle à l'intérieur de laquelle il y a un processus constant de rétroalimentation. Les relations entre le potentiel géo-écologique, l'action anthropique et le rendement économique sont présentés par Monteiro sous une forme graphique (figure 38).

Pour dessiner son schéma d'organisation spatiale de l'État de Sao Paulo, Monteiro travaille à trois niveaux : structure climatique, activité économique et qualité de l'environnement. Au niveau de la structure climatique, les principaux composants considérés se réfèrent à la dynamique atmosphérique, aux facteurs géomorphologiques du climat, aux flux d'énergie thermique et hydrique et à la variation temporelle des paramètres climatiques essentiels. Cette énumération illustre clairement l'option «génétique» choisie par Monteiro dans son étude spatiale du climat pauliste. Le niveau de l'activité économique inclut des antécédents sur l'espace agraire, la production d'énergie, l'industrie et les transports. Finalement, le niveau de la qualité environnementale concerne les milieux ruraux et urbains tout comme les espaces destinés à la récréation et aux loisirs.

En résumé, une vision globale des relations causales et spatiales entre le climat et les autres éléments du milieu de vie d'un groupe humain représentant l'un des meilleurs exemples de l'application du concept de climat comme ressource naturelle ainsi que son traitement génétique, explicatif et systémique.

Une autre modalité bien connue d'évaluation intégrée des ressources naturelles est celle développée depuis les années cin-

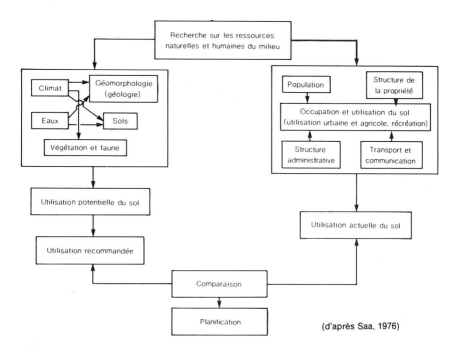

(d'après Saa, 1976)

Fig. 37 Structure, composantes et buts de l'évaluation intégrée des ressources naturelles

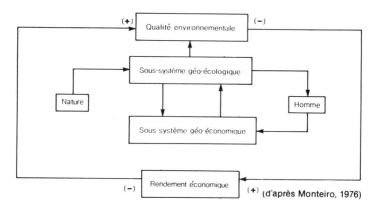

(d'après Monteiro, 1976)

Fig. 38 Nature, homme et relations environnementales

quante, par les scientifiques du C.S.I.R.O. australien. Dans un livre pionnier sur l'écogéographie, Tricart et Kilian (1979) décrivent et critiquent en détail la méthode australienne. Ils procèdent à des commentaires davantage positifs sur ce qu'ils appellent «l'intégration dynamique» et «l'analyse des paysages». Ils partent du principe que tout agencement territorial modifie une certaine dynamique spatiale préexistante. Dès lors, il n'est pas possible de se contenter d'une vision statique et descriptive du milieu naturel car il faut aussi tenir compte de la sensibilité du milieu face à l'intervention humaine.

L'intégration dynamique de Tricart et Kilian fait référence à la fois à la dynamique actuellle, produisant et fixant certains traits du milieu naturel, et aux dynamiques antérieures, causes de marques persistantes dans le milieu naturel ou le cadre écologique actuel. La conséquence géographique de cet entrecroisement d'influences dynamiques se manifeste sous la forme de divers types de milieux ou de cadres d'aménagement : les milieux stables, à évolution lente, tendant vers une situation «climax»; les milieux intermédiaires dont la dynamique actuelle se caractérise (du point de vue géomorphologique) par l'interférence entre morphogenèse et pédogenèse et, enfin, les milieux fortement instables, avec une prédominance marquée de la morphogenèse sur la pédogenèse. L'insistance typologique et explicative à propos des processus morphogénétiques se justifie, selon Tricart et Kilian, par leur étroite relation avec les processus énergétiques causés, simultanément, à l'intérieur du globe terrestre et dans le système solaire. Cela donnerait à ces processus morphogénétiques une large représentativité par rapport aux forces et facteurs contrôlant la structure et le fonctionnement des milieux naturels.

Finalement, l'évaluation intégrée du milieu ambiant peut être abordée aussi dans la perspective tracée par une équipe multidisciplinaire du Service des Études Écologiques Régionales (S.E.E.R.) du gouvernement canadien. Cela a donné naissance à l'«inventaire du capital-nature» ou «méthode de classification et de cartographie écologique du territoire» (Jurdant **et al.**, 1977). Cette méthode a été éprouvée avec succès dans deux recherches menées à terme dans la région du Saguenay-Lac-Saint-Jean et dans le territoire de la baie James, tous deux au Québec. Son caractère opérationnel et les liens qu'elle possède avec d'autres systèmes de travail appliqués au préalable dans d'autres lieux du monde font de la méthode du

S.E.E.R. canadien une alternative intéressante en relation avec l'évaluation intégrée du milieu ambiant et des ressources naturelles.

C. Les études d'impact sur l'environnement

Selon les documents officiels découlant de la «loi pour une politique nationale de l'environnement» (National Environment Policy Act/NEPA), entrée en vigueur aux États-Unis le 1er janvier 1970, l'impact environnemental peut se définir comme toute altération des conditions environnementales ou comme la création d'un nouvel ensemble de conditions environnementales, causée ou induite par l'action ou l'ensemble d'actions que l'on considère. L'attention portée sur ces conditions variera selon la nature, l'échelle et la localisation des actions proposées. Dans ce contexte, le terme «action» sert pour faire référence à toute oeuvre d'ingénierie, à tout projet de loi, à toute politique ou à tout processus susceptible d'engendrer des conséquences sur le milieu ambiant.

La liste suivante préparée en 1974 par un groupe de travail du Comité Scientifique chargé des problèmes du milieu ambiant (SCOPE), dépendant du Conseil International des Sociétés Scientifiques, mentionne justement une série de **projets de développement régional pouvant produire des impacts sur le milieu ambiant** :

1. Utilisation et transformation des sols :
   Milieu urbain, industriel, agricole; aéroports, transports, lignes de communication; installations en mer.

2. Exploitation des ressources :
   Forage; industrie minière, dynamitage; exploitation forestière; pêche et chasse commerciales.

3. Renouvellement des ressources :
   Reboisement; traitement de la faune, amendement du sol; recyclage des déchets; lutte contre les inondations.

4. Procédés agricoles :
   Agriculture; élevage; industrie laitière; cultures fourragères; irrigation.

5. Procédés industriels :
   Forges et aciéries; industrie pétrochimique; fonderies; usines de pâtes et papiers.

6. Moyens de transport :
   Chemins de fer; avions; automobiles, camions; navigation; oléoducs.

7. Énergie :
   Lacs artificiels; barrages; centrales au mazout, au charbon et centrales atomiques.

8. Éliminations des déchets et épuration de l'eau :
   Immersion en mer; enfouissement; contaminants et substances toxiques; emmagasinement souterrain; émanations biologiques.

9. Répressions chimiques :
   Lutte contre les insectes (pesticides); destruction des mauvaises herbes (herbicides).

10. Activités récréatives :
    Chasses autorisées; parcs; centres de villégiature; véhicules tout terrain.

(D'après SCOPE, 1974)

On doit ajouter que certains effets importants sur le milieu ambiant peuvent dériver du fait de ne pas entreprendre d'action quelconque. Par contre, dans d'autres cas, on peut proposer certains projets comme unique possibilité d'améliorer la qualité du milieu ambiant.

En général, on classe les impacts environnementaux en deux catégories : primaires et secondaires. Les impacts primaires sont ceux directement attribués à l'action proposée. Si, par exemple, l'action proposée est une expérimentation sur le terrain, l'introduction de matières et d'éléments nouveaux dans le milieu avec risque de dommages pour certains peuplements végétaux pourra causer un impact primaire.

De leur côté, les impacts secondaires sont les changements indirects ou induits incluant les investissements associés et la transformation des activités socio-économiques. Ces dernières peuvent être stimulées ou induites par l'action proposée. Dans l'environnement bio-physique, les impacts secondaires peuvent avoir une importance spéciale : l'élimination de la végétation, par exemple, peut entraîner une forte érosion du sol. À son tour, celle-ci peut provoquer une sédimentation excessive dans les cours d'eau voisins. De là, il en résultera une réduction de la quantité de lumière solaire pénétrant dans l'eau, ainsi qu'une diminution de l'oxygène dissous dans l'eau. Le résultat final sera négatif pour la vie aquatique et pour la qualité de l'eau.

L'aménagement du territoire fait l'objet d'une attention toujours plus intense en ce qui concerne les changements qu'il peut introduire dans l'environnement naturel ou social. Cette attention grandissante découle, premièrement, de l'augmentation rapide de la population planétaire (surtout dans certaines régions du monde) et, deuxièmement, des progrès technologiques ayant provoqué une grande «consommation d'espace» indépendante, parfois, des influences de la pression démographique.

De nombreuses initiatives d'études systématiques dans ce sens ont été prises à travers toute la planète. Ainsi, par exemple, les pays membres de l'Organisation de Coopération et Développement Économiques (OCDE), les plus industrialisés du monde, s'y sont montrés très intéressés. On peut s'en rendre compte en parcourant l'une des récentes publications de l'organisation (OCDE, 1979). Dans une référence spécifique à l'un des pays membres de l'OCDE, le Canada, une autre publication récente (Ripley, Redmann et Maxwell, 1978) analyse les impacts environnementaux provoqués par l'industrie minière.

Les auteurs définissent l'activité minière canadienne comme un composant important de l'économie du pays, aussi bien au point de vue extractif qu'au point de vue de l'élaboration de la matière première. Dans les deux cas, les impacts environnementaux (primaires et secondaires) sont considérables. De toutes les modalités particulières présentées par l'activité minière canadienne, les impacts environnementaux majeurs sont associés à l'extraction, au raffinage, à la fonte de minerais sulfureux et à l'exploitation du charbon. D'un autre côté, les conséquences les plus notables de ces impacts se font sentir sur les paysages, la récréation à l'air libre, la conservation en forêt des peuplements végétaux et animaux, la pêche en eaux intérieures. Ces constatations étant établies, les auteurs de ce travail analysent la production, le contrôle et la dispersion des résidus dans la biosphère, les conséquences écologiques des changements environnementaux, leur évaluation, la prise en compte d'aspects théoriques et légaux connexes. Ils concluent en recommandant, entre autres choses, que les gouvernements (fédéral et provinciaux du Canada) effectuent une estimation détaillée des effets de compensation réciproque entre la protection du milieu ambiant et le coût d'une telle protection.

D'autres exemples d'occupation et d'aménagement de l'espace sont présentés dans l'étude publiée en 1977 par la Commission économique pour l'Amérique latine sur le développement et l'utilisation de nouveaux systèmes hydriques dans les pays latino-américains (CEPAL, 1977). De tous les cas qui y sont analysés, nous avons choisi celui du «caño» Manamo au Venezuela.

Il s'agit d'une tentative d'incorporation de variables environnementales dans un projet de mise en valeur de terres agricoles dans le delta supérieur de l'Orénoque. L'objectif fondamental du projet est lié à l'approvisionnement alimentaire de Ciudad Guayana, ce qui entraîne sa participation dans un ambitieux programme de développement régional de l'Est vénézuélien.

La clef de voûte du projet est un barrage-route construit en 1966 pour la fermeture du cours d'eau et converti l'année suivante en ouvrage de régulation. En plus d'un barrage secondaire, on a construit des ouvrages complémentaires de drainage fluvial et de viabilité interne dans l'île voisine de Guara. Les résultats économiques et démographiques du projet ont été relativement positifs : la superficie cultivée a augmenté, bien qu'en deçà des estimations de la Corporacion Venezolana de Guayana, tandis qu'une croissance significative de la population régionale se produisait en même temps qu'une atténuation du mouvement d'émigration.

Du point de vue environnemental, les effets engendrés par le projet du fleuve Manamo se sont concrétisés notamment par des changements dans la salinité de l'eau. En effet, en bloquant un passage d'eau douce à travers le fleuve, la lame d'eau saline provenant de la mer s'enfonce à l'intérieur des terres de 40 à 50 kilomètres de plus qu'auparavant. Cette altération a été corrigée plus tard en laissant s'écouler une partie de l'eau douce du fleuve (en proportion variable selon la saison) et en renversant ainsi la pénétration de l'eau de mer. Par ailleurs, on a modifié le drainage superficiel des sols agricoles et les surfaces utilisables ont diminué. Cela a été la conséquence des changements négatifs dans la composition chimique des sols ainsi que de la subsidence les ayant affectés par suite de la baisse de la nappe phréatique. Cette série d'impacts environnementaux démontre que, dans des écosystèmes deltaïques, l'altération du régime hydraulique a des effets sur d'autres ressources naturelles intégrées dans le milieu ambiant.

Les exemples signalés antérieurement posent, en d'autres termes, le même type de problème venant d'être analysé tout au long de ce chapitre. Il y a une claire notion de globalité et d'interdépendance des aspects strictement biophysiques et des aspects socio-économiques et politico-administratifs inhérents à l'étude et à l'aménagement du milieu ambiant. De cette façon, le parallèle est évident entre les cas présentés et les définitions préalables que l'on a livré sur le caractère multivarié, sur l'unité et sur l'application de la géographie. Tout cela fait conclure qu'une géographie des impacts environnementaux causés par l'aménagement du territoire et l'exploitation des ressources naturelles est non seulement légitime, mais — de plus — nécessaire (Peña, 1985).

ÉTUDES D'IMPACT SUR L'ENVIRONNEMENT

Les études d'impact permettent à l'usager non seulement d'éviter des délais coûteux et les autres difficultés qui résultent des exigences des agences environnementales mais également d'éviter les pièges imprévus posés pendant la construction de nouveaux équipements.

Le géographe ayant fait ses études tant dans les sciences naturelles que sociales, est le professionnel idéal pour diriger et coordonner le travail des équipes interdisciplinaires qui doivent préparer les rapports d'impact.

«Augmentez votre croissance et vos profits avec l'aide des géographes»

Business Geographers, A.A.G., 1980

Chapitre 3

Le rôle social de la géographie

L'on a tenté de montrer dans les paragraphes précédents que la géographie a la capacité et les moyens suffisants pour intervenir dans le système de relations spatiales établi entre l'homme et son milieu ambiant. Une telle intervention poursuit l'amélioration de la qualité de la vie, comme cela arrive généralement dans toute autre action entreprise à caractère scientifique.

On peut qualifier cette position d'ingénue, notamment de la part de ceux qui situent la géographie en fonction d'une conception politique plus large. C'est cela qui arrive lorsqu'on la considère comme un simple appendice de l'appareil d'État, destiné à lui permettre un meilleur contrôle sur les habitants du pays. Si l'on définit la géographie comme un savoir stratégique, elle apparaît nécessaire, en premier lieu, aux détenteurs du pouvoir. Dans l'analyse des problèmes régionaux ou des relations «centre-périphérie» ou «Nord-Sud», les arguments géographiques incorporés au discours politique sont considérés comme une démonstration de l'usage donné à la géographie en vue de fixer et d'étendre l'autorité et l'influence des groupes dominants. Le point de vue idéologique sous-tendant ces concepts paraît respectable mais discutable dans la mesure où il restreint l'utilité de la géographie seulement à un certain type d'actions et à un certain type de bénéficiaires. La confusion entre la pratique géographique et les pratiques stratégiques n'est pas, forcément, la conséquence d'une condition intrinsèquement perverse de la géographie mais plutôt celle de la manipulation dont elle peut faire l'objet dans le cadre d'un projet plus vaste de domination d'un secteur de la population sur un autre. Ce projet est de caractère essentiellement socio-économique et politique. Cependant, il acquiert, par la force des circonstances, une connotation spatiale due à ce que les processus l'accompagnant se produisent dans un scénario territorial bien déterminé, avec la participation des hommes qui y habitent. Que la géographie serve à faire la guerre, c'est une affirmation avec laquelle on peut être d'accord mais on peut estimer aussi qu'elle sert à beaucoup d'autres choses échappant à une quelconque considération militaire ou stratégique.

Sans tomber dans une appréciation en rose ou faussement neutre de la géographie, il paraît légitime de lui assigner un rôle important dans ce que l'on a appelé la solution des incongruités ou incompatibilités spatiales dont la contamination environnementale et les déficiences des systèmes de transport forment deux exemples que l'on peut citer parmi beaucoup d'autres.

Ainsi n'est pas étrangère à cette position la décision de l'Union Géographique Internationale (UGI), adoptée à son congrès de Londres en 1964, de créer une commission de géographie appliquée dont l'un des objectifs est de préciser les services qu'elle pourrait apporter quant au développement et à la réorganisation du territoire. Dans une recherche réalisée vers 1966, le président de cette commission à l'époque, Omer Tulippe, effectua un inventaire des tâches les plus couramment effectuées par les géographes de pays comme les États-Unis, l'URSS, l'Allemagne fédérale, la Grande-Bretagne, la Pologne, le Japon, la France et les Pays-Bas (Tulippe, 1968). En dehors d'un important pourcentage de géographes consacrés à l'enseignement, la majeure partie des autres est employée dans les agences gouvernementales de leur pays respectifs. Entre les emplois publics et les emplois privés, on distingue une tendance assez généralisée à occuper les géographes dans des tâches reliées à la cartographie (encore une autre perception traditionnelle : celle du géographe-dessinateur-cartographe) et à la planification territoriale. Il est intéressant de détacher le cas de deux pays socialistes inclus dans l'étude de Tulippe. En URSS et en Pologne, la proportion de géographes pratiquant la géographie appliquée est très élevée, avec un intérêt spécial mis sur les problèmes de l'organisation économico-spatiale.

À partir de l'analyse de l'école soviétique de géographie effectuée ailleurs (Peña et Sanguin, 1984), on comprend mieux les raisons expliquant une telle orientation et le fort accent mis sur la géographie appliquée dans les pays socialistes, ainsi que l'étroite collaboration entre l'activité universitaire et les services publics.

De leur côté, les géographes non enseignants aux États-Unis sont employés en grand nombre par le gouvernement fédéral et, plus spécifiquement, par le département de la Défense. En Allemagne fédérale, parallèlement aux débouchés des géographes dans l'édition et la cartographie, il y a aussi une forte participation dans les tâches de planification territoriale. En Grande-Bretagne, dans la ligne tracée par Dudley Stamp il y a quelques décennies, l'utilisation des géographes est très large. Elle est toutefois quelque peu déséquilibrée en faveur de l'étude et de l'intervention sur les aspects essentiellement humains et économiques de l'espace. À partir de la Grande-Bretagne, la préoccupation et la méthodologie de la recherche sur l'utilisation du sol se sont étendues au reste du monde.

De France, partirent les premières directives principales en matière de régionalisation du territoire national. Dans ce dernier pays, la géographie appliquée a pris une impulsion un peu plus tardive que dans d'autres pays développés mais ses efforts ont atteint rapidement une audience internationale. À titre d'exemple, mentionnons l'activité du Centre de Géographie Appliquée de l'Université de Strasbourg, dont les membres sont constamment sollicités comme experts pour l'analyse des problèmes spatiaux détectés dans divers pays du monde, dont ceux de l'Amérique latine.

Cette description succincte ne doit pas faire croire, toutefois, que le futur de la géographie est assuré grâce à ses possibilités d'application à la solution de diverses nécessités sociales. Dans les faits, beaucoup de tâches accomplies par les géographes peuvent être remplies par d'autres professionnels de formation différente. Il n'est pas étrange de rencontrer des ingénieurs et des architectes intervenant d'une façon décisive dans les travaux de planification territoriale (dénommée «planification physique» par les ingénieurs). On trouve des météorologues et des agronomes faisant des études de climatologie, des démographes et des économistes participant à des recherches en géographie humaine. Il est certain que l'invasion de secteurs de travail se réalise aussi en sens inverse à partir du groupe des géographes. Mais, habituellement, les résultats ainsi engendrés sont mauvais et, plus encore, ils entraînent une réaction contraire mettant en danger les possibilités d'emploi dans le futur. Une grande part de responsabilité dans cette situation provient des géographes eux-mêmes qui n'ont pu dessiner, avec une absolue clarté, leur profil professionnel. Devant une telle vacuité, les groupes périphériques peuvent se permettre de s'avancer, sans grandes difficultés ou résistance, comme envahisseurs dans le champ de travail de la géographie. D'où la grande importance qu'il faut attribuer à la réflexion épistémologique, théorique et méthodologique comme plate-forme indispensable pour l'action pratique des géographes.

En ce sens, l'opinion de W. Bunge (1973) paraît intéressante quand il nie la validité de l'opposition présumée entre géographie «mathématique» (quantitative) et géographie humaine. Se fondant sur son expérience, à fort contenu politique, de l'Expédition Géographique de Detroit, il démontre l'importance du recours aux techniques les plus sophistiquées de l'analyse géographique. D'autres géographes «quantitatifs» discutent avec des arguments nettement rationnels l'irrationnalité de certaines formes de planification urbaine centralisée. Des personnalités connues dans le monde de la géographie théorique et quantitative adoptent des positions encore plus clairement combatives par rapport à des problèmes de la société contemporaine comme le racisme ou la lutte pour la paix. L'argumentation de Bunge tend à établir qu'il n'y a pas contradiction inévitable entre la théorisation et la mathématisation de la géographie d'une part, et la concertation d'un compromis social de la part des géographes d'autre part. La vérité est que, indépendamment de l'option idéologique de chaque géographe, une consécration véritable et bien structurée du travail professionnel devra toujours déboucher sur l'accomplissement intégral de ses responsabilités comme être social par rapport à la communauté dont il fait partie.

BIBLIOGRAPHIE

A.A.G. (Assoc. of American Geographers), «Increase your Growth and Profits... Augmentez votre croissance et vos profits avec l'aide des géographes», **Business Geographers**, 1980.

ABLER, R., J.S. ADAMS et P. Gould, **Spatial Organization, The Geographer's View of the World**, Englewood Cliffs, Prentice-Hall, 1971.

ACKERMAN, E.A., «Where is a research frontier?», **Annals of the Association of American Geographers**, 1963, vol. 53, no 4, p. 429-440.

ALBAUM, M. (éd.), **Geography and contemporary issues : studies of relevant problems**, New York, Wiley and Sons, 1973.

AMEDEO, D. et R. GOLLEDGE, **An Introduction to Scientific Reasoning in Geography**, New York, John Wiley, 1975.

ANUCHIN, V.A., «Theory of Geography», in R.J. Chorley (éd.), **Directions in Geography**, London, Methuen, 1973, p. 43-63.

ANUCHIN, V.A., **Theoretical Problems of Geography**, Columbus, Ohio State University Press, 1977 (traduction anglaise de Téoreticheskiye problemy geografié, Moscou, Gos izd-vo geog. literatury, 1960).

BAILLY, A., «Les théories de l'organisation de l'espace urbain», **L'Espace Géographique**, 1973, t. II, no 2, p. 81-93.

BARDIN, L., **L'analyse de contenu**, Paris, P.U.F. (Coll. «Le Psycholgogue»), 1977.

BAREL, Y., «L'idée de système dans les sciences sociales», **Esprit**, nouvelle série, 1977, vol. 1, no 1, p. 69-82.

BARRÈRE, P. et M. CASSOU-MOUNAT, **Le document géographique**, Paris, Masson et Cie, 1972.

BAULIG, H., «La géographie est-elle une science?», **Annales de Géographie**, 1948, vol. 57, no 305, p. 1-11.

BEAUD, J.-P., «Les techniques d'échantillonnage», in B. Gauthier (éd.), **Recherche Sociale. De la problématique à la collecte des données**, Sillery (Qué.), P.U.Q., 1984, p. 175-200.

BEAUJEU-GARNIER, J., **La géographie: méthodes et perspectives**, Paris, Masson et Cie, 1971.

BERNIER, B., **Guide de présentation d'un travail de recherche**, Montréal, P.U.Q., 1973.

BEROUTCHACHVILI, N. et J.-L. MATHIEU, «L'éthologie des géosystèmes», **L'Espace Géographique**, 1977, t. IV, no 2, p. 73-84.

BERRY, B.J.L., «Hierarchical Diffusion : The Basis of Developmental Filtering and Spread in a System of Growth Centers», in N.M. Hansen (éd.), **Growth Centers in Regional Economic Development**, Free Press, 1972, p. 108-138.

BERRY, B.J.L., «A paradigm for modern geography» in R.J. Chorley (éd.), **Directions in Géography**, London, Methuen, 1973, p. 3-21.

BERTRAND, G., «Paysage et géographie physique globale. Esquisse méthodologique», **Revue Géographique des Pyrénées et du Sud-Ouest**, 1968, t. 39, fasc. 39, p. 249-272.

BERTRAND, G., «La géographie physique contre nature?», **Hérodote**, 1978, no 12, p. 77-98.

BERTRAND, B., «Construire la géographie physique», **Hérodote**, 1982, no 26, p. 90-135.

BLAIS, A., «Le sondage», in B. Gauthier (éd.), **Recherche Sociale. De la problématique à la collecte des données**, Sillery (Qué.), P.U.Q., 1984, p. 317-357.

BORCHERT, J.R., «Geography and Systems Theory», in Cohen, Saul B., **Problems and Trends in American Geography**, New York, Basis Books, 1967, p. 264-272.

BOULDING, K.E., «General systems theory — The Skeleton of Science»? **Management Science**, 1956, vol. 2, no 3, p. 197-208.

BRUNET, R., **Le croquis de géographie régionale et économique**, Paris, SEDES (2e éd.), 1967.

BUNGE, M., **La investigacion cientifica**, Barcelona, Ariel, 1969.

BUNGE, M., **La Ciencia, su método y su filosofia**, Buenos Aires, Ediciones Siglo Veinte, 1972.

BUNGE, W., **Theoretical Geography**, Lund, Gleerup, 1966.

BUNGE, W., «Ethics and logic in geography», in R.J. Chorley (éd.), **Directions in geography**, London, Methuen, 1973 p. 317—331.

BUSTAMANTE, J.A., **Mexican Immigration and the Social Relations of Capitalism**, Ann Arbor, University Microfilms International (thèse de doctorat, Univ. de Notre-Dame), 1975.

BUTTIMER, A., **Society and Milieu in the French Geographic Tradition**, Washington, Association of American Geographers, monography no 6, 1971.

CAPEL, H., «Percepcion del medio y comportamiento geografico», **Revista de Geografia** (Barcelona), 1973, vol. VII, nos 1-2, p. 58-149.

CAPEL, H., **Filosofia y ciencia en la geografia contempranea. Una introduccion a la geografia**, Barcelona, Barcanova (Coll. «Temas Universitarios»), 1981.

CEPAL (Commission Économique pour l'Amérique Latine), **Agua, desarrollo y medio ambiente en América Latina** (polycopié), Santiago, 1977.

CHEVAILLER, J.-C., **Classification en analyse économique spatiale**, Dijon, Éditions Cujas (Série-Espace no 7), 1974.

CHEVRIER, J., «La spécification de la problématique», in B. Gauthier (éd.), **Recherche Sociale. De la problématique à la collecte des données**, Sillery (Qué.), P.U.Q., 1984, p. 47-77.

CHISHOLM, M., «General Systems Theory and Geography», **Transactions and Papers of the Institute of British Geographers**, 1967, vol. 42, p. 45-52.

CHISHOLM, M., **Research in Human Geography**, Heineman, pour le Social Science Research Council — USA, 1971.

CHORLEY, R.J., «Geomorphology and general systems theory», **General Systems Yearbook**, 1964, vol. 9, p. 45-56.

CHORLEY, R.J., «The role and relations of physical geography», **Progress in Geography**, 1971, vol. 2, p. 87-109.

CHORLEY, R.J. et P. HAGGETT (éds.), **Models in Geography**, London, Methuen, 1967.

167

CICERI, M.-F., B. MARCHAND et S. RIMBERT, **Introduction à l'analyse de l'espace**, Paris, Masson, 1977.

CLAVAL, P., «L'espace en géographie humaine», **The Canadian Geographer**, 1970, vol. 14, no 2, p. 110-124.

CLAVAL, P., **La pensée géographique, introduction à son histoire**, Paris, SEDES, 1972.

CLAVAL, P., **La nouvelle géographie**, Paris, Presses Universitaires de France (Coll. «Que Sais-Je?», no 1693), 1977.

CLAVAL, P. et E. JUILLARD, **Région et régionalisation dans la géographie française et dans d'autres sciences sociales**, Paris, Dalloz, 1967.

COLE, J.P., **Una introduccion al estudio de métodos cuantitativos aplicables en geografia**, Mexico, D.F., UNAM, Instituto de Geografia, 1975.

COLE, J.P. et C.A.M. KING, **Quantitative Geography, Techniques and theories in Geography**, London, Wiley and Sons, 1968.

COX, K.R., Man, **Location and Behavior: an Introduction to Human Geography**, New York, Wiley and Sons, 1972.

DAUNAIS, J.-P., «L'entretien non directif», in B. Gauthier (éd.), **Recherches Sociale. De la problématique à la collecte des données**, Sillery (Qué.), P.U.Q., 1984, p. 247-275.

DAUPHINÉ, A., **Espace, région et système**, Paris, Economica, 1979.

DEAN, J.P., R.L. EIGHHORN et L.R. DEAN, «The Survey», in J.T. Doby (éd.), **An Introduction to Social Research**, New York, Appleton, Century-Crofts (2e éd.), 1967, p. 244-273.

DELPOUX, M., «Écosystème et paysage», **Revue Géographique des Pyrénées et du Sud-Ouest**, 1972, t. 43, fasc. 2, p. 157-174.

DOWNS, R.M., «Geographic space perceptions: past approaches and future prospects», **Progress in Geography**, 1970, vol. 2, p. 67-108.

DURAND-DASTES, F., «Quelques remarques sur l'utilisation des modèles», **Bulletin de l'Association des Géographes Français**, 1974, no 413-414, p. 43-50.

DURRENBERGER, R.N., **Geographical Research and Writing**, New York, Thomas Y. Crowell, 1971.

FAISSOL, S., «Espaço, geografia e ciencias sociais», **Revista Brasileira de Geografia**, 1975, no 37(4), p. 3-22.

FITZGERALD, B.P., **Developments in Geographical Method, Science in Geography**, London, Oxford University Press, 1975.

FOOTE, D. Ch. et B. GREER-WOOTTEN, «An approach to systems analysis in cultural geography», **The Professional Geographer**, 1968, vol 20, no 2, p. 86-91.

GAGNON, H., **La photo aérienne. Son interprétation dans les études de l'environnement et de l'aménagement du territoire**, Montréal, Les éditions HRW Ltée., 1974.

GAUTHIER, B. (éd.), **Recherche sociale. De la problématique à la collecte des données**, Sillery (Qué.), Presses de l'Université du Québec, 1984.

GEORGE, P., «Existe-t-il une géographie appliquée?», **Annales de Géographie**, 1961, p. 337-346.

GHIGLIONE, R. et al., **Manuel d'analyse de contenu**, Paris, Colin, 1980.

GIGUÈRE, J., **Les monopoles miniers et la Côte-Nord: contribution à une géographie régionale critique**, thèse de maîtrise, Faculté des Lettres, Université Laval (Québec), 1981.

GOLLEDGE, R. et D. AMEDEO, «On Laws in Geography», **Annals of the Assoc. of American Geographers**, 1968, vol. 58, no 4, p. 760-774.

GOPAL, M.H., **An Introduction to Research Procedure in Social Sciences**, New York, Asia Publishing House, 1970.

GOULET. L., «Le travail de recherche» et «La présentation matérielle des travaux écrits», **in Cahier de méthodologie. Guide pour l'étudiant**, Montréal, Service de pédagogie universitaire, Université du Québec à Montréal, 1984, p. 115-127.

GRASSAU, E., **Elementos de Estadistica**, Santiago, Editorial Universitaria (2e éd.), 1962.

GRAVEL, R.J., **Guide méthodologique de la recherche**, Sillery (Qué.), Presses de l'Université du Québec, 1980.

GRIGG, D., «The logic of regional systems», **Annals of the Assoc. of American Geographers**, 1965, vol 55, no 3.

GRIGG, D., «Regions, Models and Classes», in R.J. Chorley et P. Hagget (éds.), **Models in Geography**, London, Methuen, 1967, p. 461-509.

GROUPE CHADULE, **Initiation aux méthodes statistiques en géographie**, Paris, Masson et Cie, 1974.

GUELKE, L., «The role of laws in Human Geography», **Progress in Human Geography**, 1977, vol I, no 3, p. 376-386.

GUICHONNET, P. et C. RAFFESTIN, **Géographie des frontières**, Paris Presses Universitaires de France (Coll. «Le Géographe»), 1974.

HÄGERSTRAND, T., «Geography and the study of interaction between Nature and Society», **Geoforum**, 1976, vol 7, P. 329-334.

HAGGETT, P., **Locational Analysis in Human Geography**, London, Edward Arnold, 1965.

HAGGET, P., A.D. CLIFF et A. FREY, **Locational Analysis in Human Geography**, New York, Wiley (2e éd.), 1977.

HANWELL, J.D. et M.D. NEWSON, **Techniques in Physical Geography**, London, MacMillan Education Ltd., 1973.

HARING, L.Ll. et J.F. LOUNSBURY, **Introduction to Scientific Geographic Research**, Dubuque (Iowa), WM. C. Brown Co. Publ., 1971.

HARTSHORNE, R., **Perspective on the Nature of Geography**, Washington Association of American Geographers, monography no 1, 1959.

HARVEY, D., **Explanation in Geography**, London, Edward Arnold, 1969.

ISNARD, H., «L'espace du géographe», **Annales de Géographie**, 1975, vol. 84, no 462, p. 174-187.

ISNARD, H., «Pour une géographie empiriste», **Annales de Géographie**, 1978, vol 87, no 483, p. 513-519.

JACKSON, J.N., «Social Surveys and Sampling Techniques in Geography», in J.N. Jackson et J. Forrester (éds.), **Practical Geography. Strategies for Study**, Tornto, McGraw-Hill Ryerson Ltd., 1974, p. 23-35.

JACKSON, J.N. et J. FORRESTER (éds.), **Practical Geography. Strategies for Study**, Tornto, McGraw-Hill Ryerson Ltd., 1974.

JAVEAU, C., **L'enquête par questionnaire. Manuel à l'usage du praticien**, Bruxelles, Éditions de l'Université de Bruxelles, 1971.

JOHNSTON, R.J., «Choice in classification: the subjectivity of objective method», **Annals of the Association of American Geographers**, 1968, vol. 58(3), p. 575-589.

JOLY, F., «La géographie n'est-elle qu'une science humaine?», **Hérodote**, 1978, no 12, p. 129-159.

JONES, E., «Cause and effect in human geography», **Annals of the Association of American Geographers**, 1956, vol. 46, p. 369-377.

JURDANT, M. et al., **L'inventaire du capital nature. Méthode de classification et de cartographie écologique du territoire**, Québec, S.E.E.R. (Direction générale des Terres, Pêches et Environnement), 1977.

KARIEL, H.G. et P.E. KARIEL, **Explorations in Social Geography**, Reading (Mass.), Addison-Wesley, 1972.

KELLY, M., «L'analyse de contenu», in B. Gauthier (éd.), **Recherche Sociale. De la problématique à la collecte des données**, Sillery (Qué.), P.U.Q., p. 293-315.

KLEIN, J.-L., «Du matérialisme historique aux inégalités régionales: le cas de la région de Québec», **Cahiers de géographie du Québec**, 1978, vol. 22, no 56, p. 173-187.

KLEIN, J.-L., «Enclaves y cambio social en Nicaragua. Notas sobre una investigacion», comm. présentée au **Congrès annuel de l'Association des études latinoaméricaines et caraïbes**, Ottawa, septembre 1984.

KLEIN, J.-L., et O. PEÑA, «Le Nicaragua à l'heure du développement régional non capitaliste», **Cahiers de géographie du Québec**, 1983, vol. 27, no 72, p. 425-451.

KUHN, TH.S., **The Structure of Scientific Revolutions**, Chicago, The University of Chicago Press, 1962.

LACOSTE, Y., «Les géographes, l'action et la politique», **Hérodote**, 1984, nos 33-34, p. 3-32.

LAPERRIÈRE, A., «L'observation directe», in B. Gauthier (éd.), **Recherche sociale. De la problématique à la collecte des données**, Sillery (Qué.), P.U.Q., 1984, p. 225-246.

LASVERGNAS, I., «La théorie et la compréhension du social», in B. Gauthier (éd.), **Recherche sociale. De la problématique à la collecte des données**, Sillery (Qué.), P.U.Q., 1984, p. 111-128.

LAVOIE, R., **Statistique appliquée: auto-apprentissage par objectifs**, Sainte-Foy (Qué.), Presses de l'Université du Québec, 1981.

LÉPINE, G., «La recherche documentaire», in **Cahier de méthodologie, Guide pour l'étudiant**, Montréal, Service de pédagogie universitaire, Université du Québec à Montréal, 1984, p. 31-54.

LETHWAITE, G.R., «Environmentalism and Determinism: a Search for Clarification», **Annals of the Assoc. of American Geographers**, 1966, vol. 56, no 1, p. 1-23.

LYNCH, K., **L'image de la cité**, Paris, Dunod, 1976.

MANNING. E.W., «La formation de géographes pour la recherche dans le secteur public et privé», **The Operational Geographer/Géographie appliquée**, 1983, no 1, p. 19-23.

MARTIN, A.F., «The necessity for determinism, a metaphysical problem confronting geographers», **Transactions and Papers of the Institute of British Geographers**, 1951, vol. 17, p. 1-12.

MEYNIER, A., **Histoire de la pensée géographique en France**, Paris, Presses Universitaires de France (Coll. «SUP-Le Géographe», no 2), 1969.

MINGHI, J.V., «Boundary Studies in Political Geography», **Annals of the Association of American Geographers**, 1963, vol. 53, p. 407-428.

MONKHOUSE, F.J. et H.R. WILKINSON, **Maps and Diagrams. Their Compilation and Construction**, London, Methuen, 1971.

MONTEIRO, C.A.F., **O clima e a organizaçao do espaço no estado de Sao Paulo : problemas e perspectivas**, Universidade de Sao Paulo, Instituto de Geografia, Sao Paulo, 1976.

MUCCHIELLI, R., **L'analyse de contenu des documents et des communications. Connaissance du problème**, Paris, Librairies Techniques, 1974.

NAKAMURA, K., «A subtropical anticyclone : a regional system», **Geogr. Reports of Tokyo Metropolitan University**, 1975, no 10, p. 111-117.

NATIONAL ACADEMY OF SCIENCES — NATIONAL RESEARCH COUNCIL, **The Science of Geography**, Publ. no 1277, Washington, 1965.

OCDE (Organisation de coopération et de développement économiques), **Les études d'impact sur l'environnement, Paris, 1979**.

OUELLET, A., **Processus de recherche. Une approche systémique**, Sillery (Qué.), Presses de l'Université du Québec, 1981.

PATTISON, W.D., «The four Traditions of Geography», **Journal of Geography**, 1964, vol. 63, no 5, p. 211-216.

PEDERSEN, P.O., **Urban-regional development in south America. A process of diffusion and integration**, Mouton, 1975.

PEGUY, Ch.-P., **Précis de Climatologie (2e éd.)**, Paris, Masson, 1970.

PEÑA, O., «La geografia fisica como ciencia de los paisajes o de los sistemas naturales», **Informaciones Geograficas**, 1981, no 28, p. 3-13.

PEÑA, O., «Proposition et vérification d'une classification génétique des climats chiliens», **L'Espace Géographique**, 1982, vol. XI, no 4, p. 307-315.

PEÑA, O., «Evaluacion geografica de los impactos medio-ambientales», **Revista geografica** (IPGH), 1985 (sous presse).

PEÑA, O. et H. ROMERO, «Sistemas geograficos regionales en el Océano Pacifico Sudoriental», in G. Echeverria et P. Arana (éds.), **Las Islas Oceanicas de Chile**, vol. I, Santiago de Chile, 1976, p. 3-20.

PEÑA, O. et H. ROMERO, «Los principios de clasificacion genética de los climas aplicados al caso de Chile», **Actas del I Congreso Internacional de Geografos Latinoamericanistas**, Paipa, 1977.

PEÑA, O. et A.-L. SANGUIN, «Percepcion del espacio y mapas mentales : nuevas herramientas para los geografos?», **Revista Geografica de Valparaiso**, 1982, no 13, p. 127-149.

PEÑA, O. et A.-L. SANGUIN, **El Mundo de los Geografos**, Barcelona, Oikos-Tau, 1984.

PHLIPPONNEAU, M., **Géographie et action. Introduction à la géographie appliquée**, Paris, Colin, 1960.

PLATT, R.S., «Environmentalism versus Geography», **American Journal of Sociology**, 1948a, vol. 53, p. 351-358.

PLATT, R.S., «Determinism in Geography», **Annals of the Assoc. of American Geographers**, 1948b, vol. 38, p. 126-128.

RACINE, J.-B., «Nouvelle frontière pour la recherche géographique», **Cahiers de Géographie de Québec**, 1969, vol. 13, no. 29, p. 135-168.

RACINE, J.-B., «Modèles de recherche et modèles théoriques en géographie», **Bulletin de l'association des Géographes Français**, 1974, nos 413-414, p. 51-62.

RACINE, J.-B., «Problématiques et méthodologie : de l'implicite à l'explicite», in H. Isnard, J.-B. Racine et H. Reymond, **Problématiques de la géographie**, Parie, P.U.F. (Coll. «Le Géographe»), 1981.

RAFFESTIN, C., «Éléments pour une problématique des régions frontalières», **L'Espace Géographique**, 1974a, vol. 3, no 1, p. 12-18.

RAFFESTIN, C., «Espace, temps et frontière», **Cahiers de Géographie de Québec**, 1974b, vol. 18, no 43, p. 23-34.

REYNAUD, A., «Décrire, expliquer... imaginer», **Travaux de l'Institut de Géographie de Reims**, 1974, no 20, p. 47-58.

REYNAUD, A., «La géographie, science sociale», **Travaux de l'Institut de Géographie de Reims**, 1982 nos 49-50.

RICHARD, J.-F., «Paysages, écosystèmes, environnement : une approche géographique», **L'Espace Géographique**, 1975, vol. IV, no 2, p. 81-92.

RIMBERT, S., **Cartes et graphiques. Initiation à la cartographie appliquée aux sciences humaines**, Paris, SEDES, 1964.

RIMBERT, S., **Leçons de cartographie thématique**, Paris, SEDES, 1968.

RIPLEY, E.A., R.E. REDMANN et J. MAXWELL, **Environmental Impact of Mining in Canada**, Kingston, Centre for Resource Studies (Queen's University), 1978.

SAA, R.O., **Los recursos naturales renovables y la planificacion regional/nacional**, Quito, Junta Nacional de Planificacion y Coordinacion Economica del Ecuador — Organisation des Nations Unies, 1976.

SANGUIN, A.-L., «Territorialité, espace mental et topophilie au Saguenay», **Protée**, 1975, vol. IV, no 1, p. 53-66.

SANGUIN, A.-L., **La Géographie Politique**, Paris, P.U.F. (Coll. «SUP-Le Géographe»), 1977.

SCHAEFER, F.K., «Exceptionalism in Geography : a Methodological Examination», **Annals of the Assoc. of American Geographers**, 1953, vol. 43, no 3, p. 226-249.

SCOPE, **Evaluation des impacts sur l'environnement. Principes et méthodes** (rapport no 5), 1974.

SMITH, D.M., **The Geography of Social Well-Being in the United States : an Introduction to Territorial Social Indicators**, Toronto, McGraw-Hill, 1973.

SMITH, D.M., **Patterns in Human Geography**, Frome, Somerset, Penguin Books, 1975.

SPATE, O.H.K., «Toynbee and Huntington : A Study in Determinism», **The Geographical Journal**, 1952, vol. 118, p. 406-428.

SPATE, O.H.K., «How determined is possibilism?», **Geographical Studies**, 1957, vol. 4, p. 3-12.

STODDART, D.R., «Geography and the ecological approach: the ecosystem as a geographic principle and method», **Geography**, 1965, vol. 50, p. 242-251.

STODDART, D.R., «Organism and Ecosystem as Geographical Models», in R.J. Chorley et P. Haggett (éds.), **Models in Geography**, London, Methuen, 1967, p. 511-548.

TAAFFE, E.J. (éd.), **Geography**, Prentice-Hall, pour la National Academy of Sciences et le Social Science Research Council (USA), 1970.

TAAFFE, E.J., R.L. MORRIS et P.R. GOULD, «Transport Expansion in Underdeveloped Countries: a Comparative Analysis», **Geographical Review**, 1963, no 53, p. 503-529.

TREMBLAY, M.-A., **Initiation à la recherche dans les sciences sociales**, Montréal, McGraw-Hill, 1968.

TRICART, J., «L'écogéographie. approche systémique et aménagement», **Hérodote**, 1984, nos 33-34, p. 230-250.

TRICART, J. et J. KILLIAN, **L'Écogéographie et l'aménagement du milieu naturel**, Paris, Maspero (Coll. «Hérodote»), 1979.

TULIPE, O., **Les géographes au service de la société**, Gant, Comité National Belge de Géographie, 1968.

VEYRET-VERNER, G., «Aménagement du territoire et géographie. Déterminisme et volontarisme», **Revue de Géographie Alpine**, 1973, vol. 61, no 1, p. 5-17.

VOGT, H., «Résultats récents et tendances actuelles de la recherche en géographie physique 'globale' à l'Institut de Géographie de Moscou de l'Académie des Sciences», **Annales de Géographie**, 1973, vol. 82, no 453, p. 606-613.

WAGNER, Ph. L. et M.W. MIKESELL, **Readings in Cultural Geography**, Chicago, University of Chicago Press, 1962.

WEISCHET, W., **Einführung in die allgemeine Klimatologie**, Stuttgart, B.G. Teubner (Coll. «Géographie»), 1977.

WHITTLESEY, D., **American Geography. Inventory and Prospects**, Syracuse, 1954.

WILBANKS, Th. J. et R. SYMANSKI, «What is systems analysis?» **The Professional Geographer**, 1968, vol. 20, no 2, p. 81-85.

WOOLDRIDGE, S.W. et W.G. EAST, **Significado y proposito de la geografia**, Buenos Aires, Nova, 1957.

YEATES, M., **An Introduction to Quantitative Analysis in Human Geography**, New York, McGraw-Hill, 1974.

Achevé d'imprimer
en l'an mil neuf cent quatre-vingt-six
sur les presses des ateliers Guérin,
Montréal, Canada.